# 忌印恐怖譚
# めくらまし

我妻俊樹

竹書房文庫

# 目次

# タクシー待ち

「失礼ですけど、夢の中で会いましたよね」

凛子さんが夜遅く駅前でタクシー待ちをしていたとき、列の外から近づいてきた男がそう話しかけてきた。

特徴のない若いサラリーマンといった風貌の男。奇を衒《てら》ったナンパのつもりか？　それとももっと厄介なストーカーのたぐいだろうか。

凛子さんは返事をせずに顔をそむけ、男を無視した。

「シカトしないで下さいよー、夢の中で会った仲じゃないですか」

男は馴れ馴れしく甘えたような声を出してなおも話しかけてくる。

凛子さんは周囲の視線を気にしながら、男が前に回り込んで来ようとするたび身をひるがえして男の顔を見ないようにした。

「夢の中で会ったのに、なんでそんなに冷たいんですか？　まるで別人ですよ」

男はぶつぶつ不満を言いながらやがてどこかへ行ってしまった。

ほっとして凜子さんはそのままタクシーを待ち続けたが、車に乗り込むまでの間ずっと周囲の客の視線を痛いほど感じていたという。


その晩、凜子さんが眠りにつくと、夢にさっきの男が現れた。

神妙な表情で近づいてきた男は地につくほど丁寧に頭を下げた。

「さきほどは大変失礼しました。あれは私の間違いでした、まだ夢の中で会ったことなかったんです。早とちりでした。なのでこれはお詫びのしるしに」

男は押しつけるように何かを凜子さんに手渡して、いつのまにか傍に停まっていたタクシーに乗って去っていった。


目が覚めると、凜子さんは胸に花の二輪ついたテッポウユリが載せられているのに気づいた。

その置かれ方が、死者に供えた花のようでひどく気味が悪かったという。

# ブランク

敏史さんの実家は古くて、物置には由来の不明な物がいろいろ収まっている。

子供の頃その物置で遊んでいるうちに眠ってしまった。気がつくと夕方だったので、お昼ごはんを食べ損ねた！　と思って母親をさがして「なんで起こしてくれなかったの」と抗議すると「ラーメン二杯も食べたじゃないの」と呆れられる。納得できないまま子供部屋へ行くと机に片方だけの下駄が逆さに載っていた。

祖父に見せるとひどく驚いていた。子供の頃庭で飛ばしてどこかへ失くした下駄だという。約七十年間行方不明だったのである。

# ペディキュアの足

温泉で有名な関東の観光地にある老舗のホテルである。

とくにそういう噂のあるホテルではないようだが、隼夫さんはここで幽霊を見た。

部屋で夜、目が覚めると、布団の横に誰かが立っている足元が見えたのだ。

だが体は縄で縛り付けられたように動かないので、足以外の部分は見えない。

ほとんど影というかシルエットだけだが、なぜか赤いペディキュアをしていることがわかったという。

その場でひた、ひた、ひたと足踏みするように裸足《はだし》の爪先が動いていた。

気がつくと朝で、先に起きた恋人は窓辺のテーブルでコーヒーを飲んでいた。

布団に半身を起こした隼夫さんが、ゆうべ見たものを言うべきか迷っていると恋人のほうから「なんかゆうべ魘《うな》されてなかった?」と訊いてきた。

なので正直に〈ペディキュアの足〉の話をしたところ、恋人は「いやな夢を見ただけだよ」と平然と笑っている。

いや夢じゃなかった、すごくリアルでと隼夫さんが反論すると「そういう夢もあるんだよ」とあっさり言われた。

その態度を見て隼夫さんも拍子抜けして、冷や汗が出るほど怖かった〈足〉のことが何だかどうでもいいように思えてきたという。


その旅行の写真を後日恋人と一緒に眺めていたら、ある展望台で恋人が隼夫さんを撮った一枚があった。

まわりに人の姿がなく、絶景を背にして笑っている隼夫さんのジーンズを穿いた脚に絡みつくように、裸足の二本の足だけが写り込んでいた。

その両足は赤いペディキュアをしていた。

この写真には恋人も絶句して、

「隼夫くんの夢から変な女が出てきちゃったみたい……」

そう言って半ばむりやりデータを消去させられたそうだ。

# ヤマシタさん

N県で県会議員を二期つとめた父親を持つ寿也さんは、議員と家業の農園をどちらも将来継ぐことを期待されていたらしい。

本人は気が進まないながら、いざとなれば言う通りにすれば食い扶持《ぶち》に困らないだろうと高をくくって遊び暮らしていた。

だが政治音痴の寿也さんにはよくわからない分裂騒動があって、父親が落選し議員になれる当てのほうはあっけなく霧消し、その後父の隠し子発覚から両親の泥沼の離婚裁判などいろいろあって農園も人手に渡ってしまった。

気がつけば寿也さんは四十近くなって定職にも就かず、借金を抱えた元議員のだいぶ頭のぼやけた老人と二人暮らしという気が重い身の上になっていた。

父親は議員時代の精悍な面影はなく一日テレビばかり見ているし、借金返済のあてがあるように見えず家もいずれ手放すことになるだろう。

寿也さんは我が身を悲観して死ぬことばかりを考えるようになった。

その日も死にたい死にたいと思いながら部屋でゲームをしていたら、インターフォンが鳴るのが聞こえた。どうせ何かの取り立てだろうと無視していたらしつこく鳴って、父親も出る様子がないのでしぶしぶ寿也さんが受話器を取ると女の声で「ヤマシタですが」と聞こえたという。

近所にその名前の人がいるのに気づいて（町会費の催促かー）と浮かない気分で玄関のドアを開けたら、知らない女性が立っていた。

三十代半ばくらいのずんぐりした女の人。近所のヤマシタさんとはまったく別人だったので寿也さんがとまどいつつ「ご用件は？」と訊ねるとその人は、

「うちのポストの中にこれが入ってたんですけど」

そう言って封筒を差し出す。見れば宛先が父親の名になっていたので寿也さんはお礼を言ってそれを受け取った。

「なんか親父あての郵便が誤配されてたってさ」

そう言って封筒を渡すと父親はテレビからこちらに顔を向けた。

「配達員が新人なんかな、どこに届いてたって?」

「ヤマシタさんって言ってたけど、あの農協の裏のヤマシタさんじゃなかったんだよな」

「この辺で、ほかにヤマシタさんはおらんだろう」

「でも知らない女の人だった」

「一人娘が帰ってきてるんじゃないか?」

「あそこの娘は五年前に××の踏切に飛び込んで死んだでしょ、忘れたのかよ」

「そうだったかな」

差出人名が書いてないな、けしからんとぶつぶつ言いながら父親は封筒の口を切って、中からぺらっとした紙を一枚取り出した。

「なんだこりゃ」

そこには達筆なのか悪筆なのかわからない、糸が縺《もつ》れに縺れて手に負えなくなったような筆の字がびっしりと書きこまれていたという。

「いや、どうにか読めるようだぞ、ええと、前略、このたびは……」

父親は老眼鏡を掛けて声に出して読み上げ始めた。

「いろいろまわりくどく書いとるが、ようするに、おまえの寿命はあと少しで尽きる、そのことをわたくしが保証する、という脅しみたいな文言が馬鹿丁寧に延々と綴ってあるだけだな」

くだらん、こんな嫌がらせなら議員の頃は毎日のように届いたぞと笑って父親は、手紙を封筒ごと丸めるとゴミ箱に放り込んでしまった。


二週間くらい後に寿也さんが国道沿いのパチンコ屋にいるとき、隣の台で打っていた人が何やらぼそぼそと話しかけてきた。

うざいなあと思って横目で見ると三十代半ばくらいのずんぐりした男の人。

こないだ来た「ヤマシタ」さんにずいぶん似ているなと思ったら、その人は何か言いながらしきりに頭を下げて、そのまま立ち上がるとどこかへ行ってしまった。周囲がうるさくて言葉は全然聞き取れなかったが、男が立ち去った後を見たら椅子の上に封筒が一つ載っていた。

それは宛先が寿也さんの父親の名前になっていて、裏がえすと差出人名がない。はっとして開封してみたらやはり筆文字でびっしり綴られた紙が一枚入っていた。今度も読めなかったが見た感じまったく前回と同じ字面が並んでいるように見えたという。

寿也さんはそれを父親に渡すのはやめようと思って店のゴミ箱に捨てて帰った。

「まあ実際のところ親父はそれからひと月も経たずに死んだわけです。脳梗塞《のうこうそく》でしたけどね、年が年なんで封筒との関係はただの偶然としか思えなかった。ただ葬式の手伝いに来てもらったとき何気なくヤマシタさんに訊いたわけですよ、お宅に最近うちの郵便物が誤配されて迷惑おかけしませんでしたか？　って。そしたら『そんなことありませんでしたよ』って首をかしげてましたからね。私が会ったずんぐりした女と男も、ヤマシタさんの家族や親戚に該当する人は誰もいないようだったし」

「ただ私が見たわけじゃないんだけど、火葬場でね。おかしなことがあったんです。私らが控室で親父が骨になるのを待ってる間に、腹違いの妹が部屋に飛び込んできて、『お父さんを焼いてる炉の前に変な人たちがいる』って言うんですよ。どうもずんぐりして顔も体型も互いによく似た男と女が、炉の前で抱き合って濃厚な口づけを交わしてるって話で。びっくりして見にいったけれどそんな人たちはいなかったし、職員も誰もそんな二人組は見ていないという話でした。だけど妹の話を聞くと、どうもその男女っていうのは私に封筒を渡したあの二人のようなんですよね。妹に封筒の話は一度もしてないんですよ、だからあの二人のことを知ってるはずはないんです。妹はただ『兄妹でこんな場所でキスしてる、気持ち悪いし信じられない』って思っただけらしくて、親父が死ぬ前にあった妙な出来事のことは知る由もなかったんです」

一体あいつらは何だったんでしょうかねえ、と寿也さんはつぶやいた。

# よく当たる占い師

戸田夫妻の知り合いによく当たる占い師がいた。

占いというか本人の言葉によれば「死んだ父親の声が答えを教えてくれる」という話で、ならば霊媒に近いのかもしれないと夫妻は思っていた。

占い師は四十歳くらいの女性で、本業は別にあって彼女の名は業界内でそれなりに有名らしい。占いはあくまで親しい人たち相手に商売っ気抜きに細々と続けているようだ。

「パパはひねくれ者だから、あたしが表に看板出して大掛かりに客取ったりしたら途端に黙り込んで、何も教えてくれなくなる気がするの」

それが怖いから目立たないように地味にやってるんですよ、と彼女は笑っていたそうだ。

戸田夫妻はその占い師と数年前に知己を得、ことあるごとに相談をしてきた。

仕事上のさまざまなトラブルや子供の進路のこと、さらには互いの浮気から生じた離婚危機まで隠し立てせず打ち明けて、その都度適切なアドバイスを受けてきた。

時には病院の検診で見逃されてしまった奥さんの大病を指摘され、文字通り命拾いをしたことまであるという。

だから夫妻は占い師のことを心から信頼しきっていたが、彼女はあくまで謙虚で偉ぶるところがなく「父親の言葉をみなさんに伝えてるだけですから」という態度なので、ますます夫妻からの信望は厚くなった。


だが彼女の占いに頼るようになってから、夫妻の周囲では少し不思議なことが起こるようになった。

友人知人に会うとたびたび「あなた方のこと最近夢に見たの、怒らないで聞いてくれる?」と見た夢の話を打ち明けられることがあるのだという。

その内容というのが、現実に夫妻が抱えている密かな悩みやトラブルをリアルタイムで反映したような夢ばかりだったのだ。

外に絶対漏らすわけにいかない身内の問題や夫婦間の恥ずべき秘密など。打ち明けてくる人たちのほうはそんなことはつゆ知らず、ただの荒唐無稽な夢だと思ってそのままあけすけに語ってくれる。夫妻はそれを聞きながら青くなったり赤くなったりして、内心の動揺を隠すのに必死だった。

どうもよく話を聞いていけば、彼らの夢の中に見知らぬ口髭の背の高い優男が現れて、まるで秘密をこっそり暴露するかのように戸田夫妻のスキャンダラスな話を始めるというのが共通するパターンのようだった。

夫妻は思わず顔を見合わせずにはいられなかった。

二人が頼っている占い師が雑談の中でよく話題にする、死んだ父親というのがまさに長身で口髭を生やしている優男だったからだ。

夫妻は知人たちから聞き集めた〈夢の中の男〉の特徴をまとめると、占い師に面会したときに恐る恐る列挙してみた。すると髪形や服の趣味、使っていた香水やちょっとした喋り方の癖――彼女の亡父は北国の育ちで訛りがあった――までことごとく一致したので、占い師はひどく驚いてほとんど狼狽《うろた》えているようだった。

「どうしてそんなことを知っておられるんです？」

そこで夫妻は婉曲にこれまでの事の次第を語って聞かせたという。

するとは占い師は無表情になり、しばらく黙って聞いていたが突然金切り声を上げた。

「黙れ！　パパを侮辱するのか⁉」

彼女はテーブルに載っていた紅茶のカップを叩き落とすと椅子から立ち上がった。

「パパを悪く言う人とのおつきあいはできませんから、これっきりにさせていただきます」

震える声で告げると部屋を出ていったという。


その言葉通り占い師と戸田夫妻の関係はそれっきりとなった。

後日とあるパーティーの席で、占い師と生前の父親をともに知っているという人物に夫妻は会ったが、話をその父娘のことに差し向けると、

「いろいろやばいお父さんだったから、残された娘のほうも大変だよね」

そう苦笑気味に言っただけですぐに話題を変えられてしまったそうだ。

# ママがいる

U市で行政関係の仕事に就いている小津さんは、半年前に妻を病気で亡くしてから小学一年生の息子と二人で暮らしていた。

その息子がある日「××スーパーにママがいた」と言い出したという。××スーパーというのはこの辺りでは一番大きなスーパーで客も多い。似た人を見かけたということなのか。息子の話は今ひとつ要領を得なかったが、気になった小津さんが息子に袖を引かれるまま××スーパーを訪れると、二階の婦人服売り場で息子が指さしたのは亡妻そっくりなマネキンだった。

まるで妻がモデルなのではと思うほど瓜二つだったが、マネキンのモデルをしたという話は生前聞いたことがない。見ていると思わず話しかけてしまいそうになるほどで、幼い息子が妻だと信じたくなるのも無理はないと思った。

「ほんとにママにそっくりだねえ」

胸に込み上げるものを感じながら小津さんは言った。

「ううんママだよ」

息子は無邪気にそう答える。

「あのね、ママはお墓にいるんだよ」

たしなめるように小津さんは言った。

「そっちのママじゃなくってぇー」

息子はそう言いながらマネキンの白い腕に縋《すが》りついた。

「新しいママだよ！」

その瞬間、マネキンの顔が崩れて下から骸骨のような顔が浮き出た。そして肘《ひじ》がぐっと曲がると息子を抱き寄せたように見えたという。

小津さんは悲鳴を上げ息子をマネキンから引きはがすと、泣き叫ぶ息子を抱きかかえ店員や買い物客が何事かと見守る中を店の外に飛び出した。

家に帰ってようやく落ち着いた息子に二度とあのスーパーに行かないことを誓わせ、自分でも以来××スーパーを訪れていない。

あれから八年経った今もマネキンを見るのは苦手なままだそうだ。

# 位置

秀平さんの同僚Cは、癌で入院している父親が急変して意識不明になり家族が呼ばれたとき、兄に手招きされて小声で「おまえあれが見えるか？」と病室の隅を指さされた。何のことかと思って見たけれど、外の木の枝の影が壁に映って揺れていただけなので彼がそう答えると、

「やっぱり見えないか、それならいい」

兄はそう言って黙ってしまったので、Cはずっと気になってしかたなかった。

父親の葬儀のときにCは「あのときいったい何が見えたの？」とあらためて兄に訊いたが、「そんなこと言ったっけ？　覚えてないな」ととぼけて兄は教えてくれなかったという。

「だけど兄が通夜のときも部屋の隅のほうをちらちら見てたの、おれ知ってるんだよね。それが寝ている親父から見て足側の左のほうで、角度も含めて病室のときと同じ方向だったんだよ」

そんな兄の姿を見ていたらにわかに鳥肌が立って、Cも兄の視線の先を見たけれどもただ壁があるだけだった。

あれから十数年が経って父親と同じ病気になった兄は今都内の病院に入院しているという。

「こないだ見舞いに行ったらさ、気づいちゃったんだよね」

ベッドから身を起こしてCと世間話をしている間も、兄はちらちらと病室の隅のほうへ視線を送ることがあった。

思わずCも目で追ってしまうが、べつに人が入ってきたわけでもなく、いかにも病室らしい清潔な白い壁があるだけだった。

ただ、その壁に時々窓の外の木の影がかすかに映り込んで揺れ、また消えるのだった。

Cは窓に目をやった。

病棟の七階にあるこの部屋の外に、木の枝などあるはずがなかった。

「だからおれは確信したんだよ、あそこには何かがいるんだって。寝ている人の足側の左のほう、角度もまるきり同じ。兄にはもっとちゃんと見えてるんじゃないかな？　気になるけどもう兄には訊けないよね。だってあれって、たぶんそこが定位置ってことなんじゃないのかな」

死神のね。

Cは声に出さず、口の形だけでそう言って、暗い笑顔をつくった。

# 下駄幽霊

T市を南北に貫くように流れるA川に、幽霊が出ると言われる橋が架かっていた。

その幽霊は下駄の音を橋上にからころと響かせるだけで姿が見えない。

どういう由来で出るのかはっきりしないが、一説には橋から身投げした女学生がこの世に何十年も迷っているのだとも言われていた。

もしも幽霊の姿を見たいなら特別な鏡が必要だとされ、これもまた理由は不明ながら川沿いに屋敷を構えるM家の井戸の水で洗った鏡でなければならないと伝えられていたらしい。

ただ、姿を見てしまった者にはそれなりの報いがあるのだとも伝わっていた。

戦後それほど経たない頃、このM家の娘が仲のいい男友達に橋に出る幽霊の話をした。

男は興味を示し、さっそく二人は鏡を準備して娘の家の井戸で洗うと、夜遅く橋のたもとに控えて怪異を待った。

すると人通りの絶えた橋に本当に下駄の音が鳴り渡り、しかも橋の上を行きつ戻りつするように足音が止まなかったという。

非常に驚いたものの、若く大胆な彼らは逃げ出さず次の行動に移った。橋を背にして男が鏡を構え、二人で覗き込んだのである。

月のある夜とはいえ街灯も十分でなかった頃だから、鏡は暗すぎて橋そのものさえ満足に映していなかった。しばらく角度を変えたり近づいたり遠ざかったりしたが、闇の中にぼんやり何か見えるようでもあるし、ただ気のせいのようでもある。やがて鏡を覗くことに飽きてくると、今度は下駄の音も何か橋の構造上の問題、橋脚に水の当たる音が裏から反響しているのではないかと思えてきた。しまいには男が鏡を橋の下へ投げ込んでしまってこの遊びは尻切れに終了となったようだ。

男友達と別れて家に帰り着いた娘は、裏からそっと上がって先ほど抜け出てきた寝床にもどろうとした。ところがいくら廊下を進んでもなぜか寝床のある部屋にたどり着かない。ここだと思って襖を開けると妙にがらんとした見知らぬ大広間があったり、蜘蛛の巣で先に進めないような荒れ果てた部屋があったりした。目が回ったような、悪酔いしたような気持ちで歩き続けていると背後から「おい」と声が掛かった。

振り返ると口が耳まで裂けた赤ら顔の化け物が廊下に仁王立ちしている。娘は気が遠くなりかけたが、化け物の顔つきや猫背にどこか見覚えがある気がした。

「おまえ、さては鏡を井戸で洗ったんだな」

赤ら顔はそう言って睨みつけると娘の手を取ってずるずると引きずっていき、やがて娘は何やら明るい場所に突然放り出された。そう思うといきなり目のあたりに煙草の煙を吐きかけられたという。

そこで噎《む》せながら我に返って、彼女は電灯の下で父親の険しい顔が自分を見据えていることに気づいたのだ。

「おまえ、橋で幽霊の姿を見ようとしたんだろう。幽霊は見えたか?」

父親にそう訊かれ娘は弱々しく首を横に振った。

「そうだろう。幽霊なんてのはただの気の迷いだ、だが世の中にはおまえのように自分から気の迷いに飛び込んでいく物好きがいる。そういう奴らに鏡は手を貸すんだ。井戸というのも水鏡だから一種の鏡だろう？　鏡で鏡を洗ったら迷いが深まって、魔に魅入られ、時には見えるはずのないものを見るようになる。おまえが家で何を見たのかわからないが、あえて聞くまでもないことだ。おまえは鏡に迷っただけだ」

それだけを言うと父親は「もうこのことは忘れてゆっくり休みなさい」と腰を上げて電灯を消した。

それから二度とこの晩の話を蒸し返すことはなかったという。

男友達のほうも家に帰って何かひどく恐ろしい体験をしたようだが、それを娘に語ることがないまま彼女を避けるように一切連絡もくれなくなった。だから男が一体どんな目に遭ったのかはわからずじまいである。

この話はT市の高校教員であるMさんが、祖母の生前に若い頃の実体験として聞かされたものだ。

M家の井戸は埋め立てられて現存せず、道路の拡張にともなって約二十年前に架け替えられた橋は、幽霊の下駄音を引き継がなかったようだ。

# 国道の声

南関東にある、幽霊の噂の多い某国道から一本隣の道沿いに優理子さんは住んでいた。マンションの八階だが、部屋の窓からは逆側なので国道がまったく見えない。それでも夜中に国道のほうから時々人の叫び声のようなものが聞こえることがあるという。

つまり優理子さんにとっては部屋の玄関側から聞こえるのだが、男の声のときもあれば女の声のときもあった。声の出どころはおそらく国道の交差点あたりで、深夜もそれなりに交通量があるから人の声がすることはべつに不思議ではないかもしれない。

ただ奇妙なのは、二、三百メートルくらいの距離感で聞こえたはずの叫び声がすーっと伸びてきて、声の終わりのほうではマンションのすぐそばで叫んでいるように聞こえるのだという。

移動しながら叫んでいるにしては接近が急過ぎるし、まるで空中を飛んでくるように移動がスムーズ過ぎたのである。

時には玄関ドアのすぐ後ろまで迫ってきたように聞こえることもあった。

そのことに気づいてから優理子さんは夜遅く玄関をけっして開けないようにしていて、お蔭で近所のコンビニにも行けなくなってしまった。


一度だけ上京した姉を部屋に泊めた際にこの〈叫び声〉の話をしたことがあった。

豪胆な姉はひどく興味を持ってしまって、深夜まで玄関ドアの前で怪現象の発生を待ち続けた。

「いつ聞こえるかわかんないよ、聞こえない日のほうが多いんだし」

優理子さんはそう声をかけるが、姉は気にせずドアの前に待機して耳を澄ませていた。

「あっ」

午前一時頃、急に姉は小さく声を上げると立ち上がってドアを開けた。

だが玄関の外は静まり返っており、薄暗い照明が通路を照らしているだけだ。

「誰かノックしたと思ったんだけど」

「やめてよ！　怖いこと言わないで」

「えっ違うよ、ただ人が来たのかと思っただけだよ」

「いいから早くドア閉めて！」

首をかしげながらもどってきた姉を見て優理子さんは息を呑んだ。

姉の黄色いTシャツの肩にいつのまにか煤のような汚れがついていて、くっきりと五本の指の形が出ていたのだ。

優理子さんに言われて鏡を見た姉はさすがに悲鳴を上げてすぐにTシャツを脱ぎ捨ててしまった。


「それからなぜか部屋にいて叫び声が聞こえる回数がめっきり減って、たとえ聞こえても近づいてくる感じはしなくなったんです。ただ国道のほうで声がしたなっていうだけで」

だから初めは喜んでいたのだが、すぐにべつの問題に気がついた。

部屋にある優理子さんの洋服の肩のところに、煤のような汚れがついているのを見つけることが増えたのだ。姉のTシャツが汚れていたのと同じ部分だ。

しばらく着ていないような、クローゼットの奥にある服にもいつのまにか汚れがついていた。たいていはぼんやりした汚れだが、たまにくっきりと手の形がわかることもあった。

「その手なんだけど、よく見るとただ五本指っていうだけじゃなくてむき出しの骨なんですよね」

怖いだけでなくクリーニング代も嵩《かさ》み、部屋は早々に引き払ってしまったそうだ。

# 見なさんな

英治さんが夜道を自宅へ向かって歩いていると、いつのまにか誰かが横を並んで歩いていた。

びっくりして思わず顔を覗き込もうとすると、

「見なさんな」

人影はそう言って顔を隠すようなそぶりをした。

だが街灯のない道の闇は深く、そもそも相手の服の色さえわからない。

「あんたヤマモトエイジだろ」

しばらく無言で並んで歩いたのち人影はそう言った。

怖くて声も出せずにいる英治さんに向かって、

「そう硬くなりなさんな。おれは×××山にいるものだが、今うちから見るとちょうどあんたの家の青い瓦屋根から日が昇る、だから親しみを感じてるんだ」
横を歩くものは機嫌のよさそうな声で一方的に話した。
山の名前は聞き取れなかったが、英治さんは訊き返す気にはなれなかった。
相手はこちらの名前を知っているようだが、こちらには相手の心当たりがない。
しかも話の内容は支離滅裂にも思えた。
英治さんはマンション住まいであり、瓦屋根の家とはまるで無縁なのだ。
とにかくまともな相手でないのは確かだ。
どこかで隙を見て全力で駆け出そう。
そう英治さんが思うと、人影は横でふーっとため息をつくような音を立てた。
「こんなところで人がまた死んでいる。むごいものだなあ」
そう声がして人影が立ち止まったかと思うと、道端にしゃがむように低くなった。
見れば道端にはまだ新しい花束がいくつか置かれていた。
人影はその花束に吸い込まれたかのように見えなくなった。
英治さんは張り詰めていた緊張の糸が切れ、夢中で駆け出した。

翌朝明るくなったその道を歩くと、花束はどこにも見当たらなかったそうだ。

# 耳裂

ペットショップ店員の達郎さんが最近行きつけになった美容院で髪を切ってもらっていたとき、鏡の中をちらちらと出入りするものが見えたので子供でも走り回ってるのかな？　と後ろが気になってしかたなかったことがある。

そんな達郎さんの視線に気づいたのか、担当の若い女の美容師も後ろを振り返ったのだが、しばらくそのままの姿勢で手が止まり、やがて何も言わずに前を向いてカットを再開した。

だが美容師の顔色が目に見えて青ざめていたので達郎さんは気になって、

「なんか大丈夫っすか？　ひどい顔色だけど……」

そう口に出した途端、またその美容師の後ろを人影がよこぎっていったという。

手ぶれした映像みたいにぼんやりした影だったのになぜか顔の部分だけがはっきり目

に焼き付いて、それは金髪の若いイケメン風の横顔だった。

　すると美容師と達郎さんは鏡の中で目が合って、

「ミミサキさんが」

そう美容師は譫言のようにつぶやいたかと思うと、やたらと鋏をシャキシャキと鳴らし始めた。だが刃は達郎さんの髪にはまるで触れず、頭のずっと上のほうで空を切っている。

　わけがわからず鏡の中の美容師のもはや死人かと思うほど青い顔を見つめていると、横から髭面の店長がすばやく現れてその美容師を羽交い絞めにして、そのまま引きずるようにして奥へ連れ去ってしまった。

「すみませんあいつちょっと気分悪いみたいなんで今日はぼくが責任持って仕上げますんで」

　一人でもどってきた店長はそう丁寧に頭を下げて謝罪し、達郎さんの中途半端な髪を最後までカットしたのち、料金もかなりサービスしてくれたという。

ひと月半ほどのちに達郎さんがその美容院に予約の電話を入れると、前回の女の美容師は店を辞めて郷里に帰ってしまったという話だった。

なので達郎さんは今度もまた店長に切ってもらったのだが、カットの最中にふと、

「ところでミミサキさんって誰なんですか？　こないだ××さんが何か言いかけたんですけど」

そう訊いてみたところ店長は鋏を持つ手がしばらく完全に止まり、

「ああ、それはあれだ、うちの古いお得意さんのことですかねぇー」

目を泳がせながらそう言って豪快に笑ったが、目は真顔のままだった。

その日も金髪のイケメンの横顔が鏡の中をよこぎるのを達郎さんは何度か見たが、カット中でもかまわず振り返って確認したけれどそんな男は店内のどこにも見当たらなかったそうだ。

ただ、店の奥の目立たないところにやけに大きな神棚があることに気づいた。

ひどく汚れて蜘蛛の巣が張りまるで廃屋に放置された神棚のように見えたという。

達郎さんはそれきり行きつけの美容院を替えた。

# 蛇の写真

東北のS市で喫茶店を経営する優子さんに、東京から来たという旅行者が語った話。

その女性は以前某学校の事務職員をしていたとき、受験生向けのパンフレット制作を担当することになった。ある日カメラマンと一緒に構内を回っていると目の前の地面をかなり大きな蛇がよこぎっていったという。

その学校はビルだらけの町中にあって、十年以上勤務している彼女もこれまで敷地で蛇など一度も見たことがなかった。女性はひどく驚いて立ちすくんでしまったが、カメラマンは落ち着いた様子でなぜか蛇にレンズを向けシャッターを切っていたらしい。

蛇はあっという間に建物の隙間に消えてしまった。ようやく落ち着きを取りもどした女性はこんな都会に出没する蛇の種類に興味が湧いて、撮影がひと通り終わってからカメラマンにさっきの蛇の写真を後で送ってくれるようお願いした。

カメラマンは快諾したが、それから何日経っても写真は送られてこなかった。仕事外のお願いではあるし催促しかねていると、二週間ほどしてパンフレット制作の窓口である代理店の担当から「カメラマンから預かったのですが……」と戸惑い気味の文面を添えて写真のデータが送信されてきた。

だが画像を開くと地面を写した四枚の写真にはどれも蛇は見当たらず、かわりにざっくり切り落としたような長い黒髪の束がひと房落ちている。

何かの間違いというか、違う写真が送られてきたのかと思ったが、写真に一部だけ写っている建物はたしかにその学校のもので、あのとき蛇が現れた場所なのは間違いないようだ。

今度カメラマンに会ったら直接訊いてみようと彼女は思った。だが次回の撮影には別のカメラマンが来たので、蛇の写真がどうなってしまったのかは結局確認できずじまいだった。

優子さんはこの話を聞いて、

「それは髪の毛が蛇に化けてたんではないですか」

と言ったそうだが、旅行者の女性はなぜかそんなことは考えてもみなかったとひどく驚いていたそうだ。

## 小さい傘

　東日本のとある鄙《ひな》びた観光地に寛人さんが仕事で行ったときのこと。ちょっと時間が空いたので家によく遊びに来る姪っ子に何かお土産《みやげ》を買っていこうかなと思って、寛人さんは小雨降るなか傘を差して土産物屋を探したという。

　けれどホテルが中心街から外れていたのでまわりに何もなくて、わざわざタクシーで遠出するのもなと思って付近をうろうろしていたら、ホテルの裏の坂を上りかけたところに土産物屋らしい建物を見つけた。

　ただ遠目には廃屋かな？　と思うほど薄汚れて見えたので、半信半疑で近づいていくとちゃんと営業しているようだ。しかし戸口が妙に縦に長くて、店内に入るとやはり天井もやたら高い。それがそういうデザインの建物という感じではなく、無意味に高い印象で、しかも店内にちらほらいる客がみんな大男と大女ばかり。軽く二メートル以上はありそうな人たちだった。連れている子供も寛人さんより大きいくらいだったらしい。しかも彼らに、にこにこと笑顔で接客する店の女性も、どう見ても二メートルくらいある。ここは大きい人専用の土産物屋か? そんなのあるわけがないよなと思いながら不躾《ぶしつけ》にじろじろ見てしまったら、客と店の人に気づかれてみんなひどく珍しそうな目で寛人さんを凝視したそうだ。

なので寛人さんは恥ずかしさに赤面してしまい、あわてて店を出てしまったという。

ホテルにもどって従業員の人にその土産物屋の話をしたところ、

「たしかに坂の途中に土産物屋はありますが、天井の低い普通の店だったと思いますけれど」

そう言って首をかしげている。

そこで寛人さんは翌日出発時にもう一度裏の坂へ行ってみた。すると同じ場所に土産物屋はあったが、戸口も天井も普通の高さで、がらんとした店内で笑顔を向けてくる店員は小柄な女性だったそうだ。

「その人昨日はたしかに身長二メートルあったんですよね。ええ顔は同じで、ただ輪郭とか目や口が二まわりくらいスケールダウンしてたんです。いや、錯覚とかそういうレベルの変化じゃないですから。それに天井や戸口が低いことを除けば商品のレイアウトとかまるっきり前日と同じだったから、まあ普通に考えて同じ店なんですよ」

同じ店が従業員ごと一日で伸びたり縮んだりすることあるんですかねえ、と寛人さんは腕組みして考え込んでいた。

ちなみに前日の外出時に寛人さんが差した傘は駅で買ったビニ傘だったが、その日出発前に見たら子供の傘のようにひどく小さくなっていたそうだ。

傘はホテルにそのまま捨ててきてしまったらしいが、もしその小さいビニ傘を持ち帰っていればこの不思議な体験の意味を解く何らかのヒント、もしくは証拠になったのではないだろうか。

# 焦げ跡

深雪さんが通っていた短大の近くの河川敷で以前焼身自殺があった。

翌日の帰りに友達と見にいくと、コンクリートの斜面の切れたあたりに草が焦げて煤《すす》けたような跡のついた場所が見えた。

「もっと近くで見よう」

「いやだよ怖いよ」

そう言い合っていると横にすっと人が立って、深雪さんたちと並んでその焦げ跡を見ているようだった。

自分たちと同じ野次馬だと思い、深雪さんは友達の袖を引っ張ってその人物から離れようとした。だが友達は「じゃあ私一人で見てくるから」と言い置いて斜面を駆け下りていってしまった。

すると友達を追うように横にいた人物も斜面を下りていく。そして草の焦げ跡の前に並んで立って、焦げた草を見つめる様子はまるで仲のいい恋人同士のようだった。

「なんかさ、言われなきゃ見落とすっていうか、花火の跡って言われたらそうかな？　って思うよね。そこが逆にリアル」

そんなことを言いながら友達がもどってきた。

あの人物はまだ焦げ跡の前にいて、じっと地面を見下ろして身じろぎもしなかった。

「ねえ、あの人知り合いとかじゃないよね？」

深雪さんが声を潜めて訊ねると「えっ誰」と言って友達は斜面の下を見た。

途端に友達はあわてたように深雪さんの腕にしがみついた。

「何なのあれ！」

「何なのって、今一緒に焦げ跡見てたでしょ」

「見てないよ！」

そう言って深雪さんをぐいぐい引っ張ってその場を逃げようとする。

「どうしたのいったい」

「深雪ちゃん怖くないの？　あれ顔も体も真っ黒でしょ、あんなの普通じゃないよ」

「決まってるでしょ焼身自殺したんだから」

そう口に出してから深雪さんははっとした。

煙と煤を人型に固めたような黒い影が斜面の下からじっとこちらを見ていた。

死に物狂いで走って二人でようやく学校の事務棟に駆け込んだとき、深雪さんは怖くなってしくしく泣いたそうだ。

# 石の音

私立高校の事務職員をしている美咲さんの話。

こないだひさしぶりに叔母に会ったら、ずいぶん痩せてすっきりしてたから「ダイエット成功したの？」って訊いたらそうじゃないって言うんですよ。

心配事があって食が細くなってるんだって。いったい何事かと思ったら、そもそもの初めはご近所とのトラブルだっていう話で。

叔母は六年前に離婚してから一人暮らししてるんだけど、マンションの隣室に新しい住人が引っ越してきたそうなんですね。

それがちょっと暗い雰囲気の夫婦なんだけど、年齢不詳な感じで、引っ越しのあいさつに来たときなんか奥さんがぼそぼそ何か言ってる後ろで、旦那さんは下向いてて一度も叔母のほうを見なかったんだって。

そんな変わった人たちなんだけど、ある日、夜遅くに何やら騒々しい音をたて始めたことがあったらしいんですよ。

カツン、カツンっていう金槌《かなづち》で石でも叩き割ってるのかと思うような音が断続的に、二時間くらい続いたんだそうです。当然叔母は隣に文句を言いにいったんだけど、チャイムを鳴らしても反応がなくて。でもドア越しに依然として騒音が続いてるのは間違いなかったんだそうです。

だから次の日に不動産屋に相談したら、ちゃんと注意してくれるって話だったので叔母は任せることにしたらしいんですね。その晩は静かだったのでもう大丈夫かなと思ったら、次の日の夜に隣の奥さんが叔母の部屋を訪ねてきたんです。

謝りにきたのかと思ったけど、相変わらずぼそぼそ喋って何言ってるのかよくわからない。だからよく耳を澄ませてみたら、

「いなかったんです」

ってい う言葉が聞き取れて。

どうやらその騒音が聞こえた晩には、部屋に誰もいなかったって言い張ってるみたいなんですね。

でも叔母にしてみれば隣の部屋から聞こえてたのは間違いないので、奥さんが下手な言い訳してると思って腹立てちゃって。もう時間も遅いですからお引き取りくださいって言って、会話を打ち切ると玄関のドアを閉めようとしたらしいんです。

そしたら隣の部屋からあの晩と同じ、カツン、カツンっていう音が聞こえてきたそうです。

ほら！　聞こえるじゃないの！　そう言って奥さんを見るとすごく困ったような、おろおろした目で自分の部屋の玄関をチラ見しながらぶつぶつ何か呟いてて。

「でも、いないんですよ」

そう小声で言ってる奥さんの後ろに、いつのまに来ていたのか旦那さんも立ってたんですね。

トレーナーのポケットに手を突っ込んで、やっぱり自分の部屋の玄関チラ見しながら暗い顔でため息をついていたそうです。

叔母はいったい何が起きてるのかさっぱりだったけど、とにかく現に音がするんだから誰かいて、近所迷惑なことをしてるのは確かなんだからと思って、

「今何時だと思ってるんですか。すぐにやめさせてください」

そう毅然として言ったんだけど、お隣の夫婦はただもじもじしてるだけでその場を動こうともしなかったんです。

だから叔母はサンダルをつっかけると奥さんを押しのけて外に出て、そのまま隣の玄関の前に立ってドアを開けたそうです。

すると暗い玄関の奥に、明かりの灯った部屋の戸口が見えたらしいんですが。

おやっと思ったのは、叔母の部屋とまるきり一緒の間取りのはずなのに、妙に戸口までが遠く感じたそうなんですね。

まるでマンションの建物の奥行きをはみ出してるんじゃないか、っていうくらいあり

えない距離に見えて。

思わず叔母は瞼《まぶた》をこすって、あらためて目を凝らしてみたら。

部屋の中には坊主頭の七、八歳くらいの子供がいて、長い棒のようなものを振り回してたそうです。

その棒が床に置いてある石でできたものに当たるたびにカツン、カツンって音がして。

その床にあるものをよく見たらお地蔵さんだったんですよ。

マンションの一室に灰色の石地蔵がぽつんと立ってて、それを子供が棒で叩いてたわけです。


叔母は何も言えなくなって呆然とその光景を見つめていました。

そしたら夫婦がいつの間にか叔母の横に立ってて、

「子供なんていないんですよ」

そう蚊の鳴くような声で言ったそうです。


そのときカツン！　ていう硬い音がひときわ大きく響いたと思ったら。

地蔵の首が床に落ちて、コロコロとこっちに向かって転がってきたんです。

玄関の三和土《たたき》に転がり落ちて、夫の物らしい薄汚れたスニーカーの履き口にすっぽり嵌《はま》ったそうです。

思わず叔母が手に取ってしまったところ、スニーカーは普通に軽くて。とても中に石が詰まっているように思えない。だから中を覗いてみたら地蔵の首なんてどこにも見当たらなかったんですね。

いつのまにか音は止んで部屋は静まり返っていて、子供の姿も消えていました。夫婦は何か言いたそうな顔で立っていましたが、叔母はスニーカーを彼らに押しつけるとそのまま玄関を飛び出して、自分の部屋に逃げ帰ったそうです。

隣の夫婦はその後一週間ほどの間に、いつのまにか引っ越していなくなってたという話です。

それから隣はずっと空室なんですけど、今も時々壁越しに例のカツン、カツンっていう音が聞こえることがあるそうなんですね。

どうやら他の住人に訊ねてみても何も聞こえてないらしくて、叔母だけが音に悩まされてるみたいで。

「美咲ちゃんにも聞こえるかどうか、今度泊りにきて確かめてくれない?」

そう叔母に頼まれたから「いいですよ」って私は答えたんですけど。

その後叔母が入院したりちょっと身辺がごたごたしてて、まだ実現していないんです。

叔母はお腹に石みたいな硬い塊《かたまり》ができてるって医者に言われたらしく、いろいろ検査を受けてるみたいです。

その塊が、ちょうど地蔵の頭のサイズくらいらしいんですよね。

# 石碑

八年くらい前に誠太さんが彼女と地元の博物館に行ったとき、先に外に出て裏庭のほうをぶらぶらして時間を潰していたら植込みの陰に石碑があった。

何かの記念碑かな？　と思って近づいてみると、石の表面にどういうわけか誠太さんと彼女のフルネームが物々しい字体で並んで彫られていたという。

驚いたというか呆気にとられ、誠太さんは石碑の前に立ち尽くした。

地元の悪い仲間の顔がちらちらと頭に浮かんだ。しかしいたずらにしては手が込みすぎているし金もかかるだろう。今日誠太さんがここに来たのも単なる偶然で、いたずらならこんな見つけにくい場所にわざわざ設置する意味もわからない。

とにかく証拠を残そうと思ってスマホを取り出し写真を撮った。それから木の枝や石や落葉などを拾い集めて石碑が見えにくいように覆い隠したそうだ。博物館の職員に石碑が見つかって自分たちのしわざと疑われることを怖れたのだ。

そして博物館の出口にもどると彼女を待ったが、いくら待っても現れなかった。

メールにも返信がないし先に帰ったのかどうかわからないから待ち続けたが、ふと気になって裏庭に回ってみたら彼女があっさり見つかった。

「いつのまに外に出てたの?」

そう声をかけながら誠太さんが近づいても彼女は見向きもせず、その視線の先にはさっき隠したはずの石碑が露出していたという。

「ああ、それ見つけたんだ。たぶんタカハシたちのしわざだよ、あいつら何考えてるんだろ頭おかしいよなほんと」

彼女がひどくショックを受けていると思って、気遣って誠太さんはそう悪友の名前を挙げて冗談めかして言った。

すると彼女の肩がぴくっと反応したのがわかった。だが視線は石碑から外さない。

不審に思いつつ誠太さんもあらためて石碑を見てあっと声を上げた。

石碑の表面には誠太さんの名がなく、彼女のフルネームと並んで悪友タカハシのフルネームが彫られていたのだ。

いつのまにか石が入れ替えられたのか？　思わず彼は石碑に掴みかかって押したり引いたりしたがびくともしなかった。

途方に暮れて振り返ると、彼女は口を半開きにして恍惚としたように潤んだ瞳で石碑を見つめていたという。

いくら名前を呼んでも聞こえていないように無反応だが、タカハシの名前を誠太さんが口に出すとびくっと肩が震えた。

「もしかしてきみ、タカハシとグルなの？」

彼女がまたびくっと震えた。

「ちょっと意味わかんないよおれ、どうして黙ってるの？　タカハシに何を言われたの？　どうして石碑なわけ？　なんできみとタカハシの名前なの？」

びくっびくっと彼女は震えるというより痙攣して、瞳はますますうっとりと潤んでいった。

やがて彼女のスカートに染みが広がり小便の臭いが漂い始めた。彼女は立ったまま失禁していたのだ。

それでもなおその場を一歩も動こうとしない彼女を残して誠太さんは呆然としたまま

家に帰った。帰宅後スマホの写真を確認すると、石碑は写っておらずただゴミだらけの植込みの写真があるだけだった。

それから二か月もしないうちに彼女はタカハシと電撃結婚した。傷心の誠太さんは呼ばれなかったけれど、披露宴に出席した者の話によると花嫁も花婿も無表情で動きが石のように強張《こわば》ってぎこちなく、客たちはとまどい静まり返った異様な雰囲気のパーティーだったそうだ。

# 先代

則安さんが学生の頃。帰省時に子供の頃世話になっていた近所の内科医院にひさしぶりに行くと、代替わりして息子が患者を診ていた。

先代は気さくな人柄でその世代にしては珍しく患者への説明も懇切丁寧だった。が、息子のほうはだいぶタイプが違って、見るからに陰気でぶっきら棒だし話しかけづらい雰囲気があったという。

則安さんは朝から発熱して風邪かな？　と思って診察を受けにきたのだがやはり「風邪です」という話で、それはいいのだが診察中一度も目を合わせてくれない若先生になんとなく信頼できない感じを持ったそうだ。

そして診察後、椅子から立ち上がって診察室を出ようとすると背後からぽつりと、

「ストーブに気をつけてね」

そう声がかけられた。

びっくりして振り返ると、医者はこちらを見ずに何か書き物をしている。机から顔を上げようとしない彼が言葉をかけてきたのかどうか、則安さんが半信半疑だったのは声がその若先生のつっけんどんな声ではなく、先代の人柄のにじみ出たような柔かい声に違いなかったからだ。

ただの空耳か聞き違いとも思ったが、則安さんはなんとなく胸騒ぎをおぼえたので医院を出ると当初寄り道するつもりだったパチンコ屋の前を素通りしてまっすぐ帰宅した。

すると実家では両親が居間でテレビをつけたままうたた寝していた。ふと部屋の隅を見れば則安さんの子供時代からある年代物の石油ストーブの上で、載せっぱなしの薬缶《やかん》が空焚きになった状態で真っ赤に焼け焦げていたという。

やけどしないよう慎重に薬缶をストーブから外したのち、目を覚ました両親に則安さんが興奮気味に今あったことをすべて話すと、二人は何かに気づいたように顔を見合わせた。

それから母親が「そういえばね……」とおもむろにこんなことを話し始めた。

「××医院の先代は今はボケちゃって特養ホームに入ってるんだけど、引退前から診察中ちょっとおかしなこと言うようになったって噂になってたのよね。たとえば町会長やってたクボさんの奥さんなんて、

『あなたの喉の腫れはすぐ治るから心配ないけど、それよりワンちゃんのおしっこが心配だねえ』

なんて一度も話題にしたことない飼い犬のことを突然言われたらしくって。

気になってすぐ動物病院に連れてったらワンちゃんの糖尿病が見つかったってクボさんすごく驚いてたわ。似たようなことが他の患者さんに対してもいくつかあったみたいで噂が広がって、大先生って超能力者だったの⁉　なんて言ってみんなびっくりしたり気味悪がったりしてたのよ」

「だけど肝心の診察のほうは逆におぼつかなくなってきて、誤診がちらほらあったみたいなの。何しろもうかなりのお年だったからね。それで急遽若先生がそれまで週一の診察だったのを、大学病院のほうを辞めたのかしら？　毎日診るようになって先代は引退

ということになったわけ。

だけど若先生はあんな感じでしょ？　先代と比べるといかにも頼りないし患者から信望がないから、大先生は心配でホームにいても気持ちはいつのまにか診察室にもどってきちゃうんじゃないかしら。それで息子さんがあんな感じな分を埋め合わせようとして、そっと患者に声かけてくださってるんじゃないかしらね」

しかも危うく火事になりそうだったところをさりげなく教えて下さるなんて、いかにも大先生のお人柄が出てるわよねえ。

そう言って、母親はため息をついたという。

# 忠告

ホラー映画を観た後は、きまって同じ夢を見ると瑞帆さんは言う。画用紙のような肌の質感の外国人男性が、カタコトの日本語で捲し立ててくるのだ。

「なぜあなたはあんな映画観たの？　あんな映画観るもんじゃないです」

男はそう険しい顔で忠告してくるらしい、あんなひどい映画を観てたら今に映画のようなことが起きるぞと脅してきたりする。

変な夢だなとしか思わなかったが、ある朝彼女が夢から覚めるとマンションの部屋の窓が半開きになっていた。ちゃんと閉めて寝たはずなのにと訝《いぶか》りながら外を見ると、窓の下の道路に夢の男が立っていた。

男はにっこり笑いながらナイフのようなものを一瞬懐からちらつかせて、その場で煙のように消えてしまった。

以来、瑞帆さんはホラー映画鑑賞を封印している。

# 土左衛門

英美さんの自宅の子供部屋には嵌《は》め殺しの丸窓があって、英美さんは気に入っているし幼い息子にも好評だった。

いくつか購入候補の中古住宅があった中で、決め手になったのがその丸窓だったと言ってもいいほどだという。ドアとの配置や家の形のせいもあってか、どことなくパッチリ開いた鳥の目のようにかわいらしく見え、一目惚れしたのだそうだ。

以前住んでいた人が細かくデザインに意見して建てたこだわりの家だったらしく、比較対象だった建売りの家とは家の中の細かい部分で違いが感じられ、悪く言えば癖があった。

だがそれも住んでみると味があってよく思えてくる。いい買い物をしたなと英美さんは満足していた。

仕事の都合などから英美さんと別居婚のかたちだった夫は、週末に家を訪れるたび息子に丸窓を使った〈潜水艦ごっこ〉につき合わされていた。

丸窓から外を見るとまるで潜水艦から海の中の景色を見ているようだ、という息子の発見からこの遊びが生まれたようだ。

もっぱら息子が部屋から窓を覗き、外の父親に「そこの蟹をつかまえて！」とか「鮫が来たから逃げて！　やっぱり戦って！」などと指示している。

そのたび夫は右往左往して、息子の自転車を持ち上げてみせたり、見えない人食い鮫と格闘したりと大忙しだった。

「あいつ変なこと言ってたぞ」

汗だくになってリビングにもどってきた夫が、英美さんを見つけて声をひそめた。

「土左衛門《どざえもん》が来た、パパ逃げて！　だってさ。きみが教えたのかいそんな言葉？」

「教えるわけないでしょ！」

英美さんは驚いて答えた。

「どこで覚えたのかなあ、ドラえもんの聞き間違えじゃなくって？」

「いやはっきり言ったよ土左衛門って。何度も訊き返しちゃったもん。それもさ、急に笑いが消えてすごく必死な顔つきでそう叫ぶんだよ、パパあぶない！　だめ！　土左衛門に食べられちゃう！　って」

英美さんはそっと子供部屋を覗いてみた。

そこでは息子が床に置いた画用紙に静かにクレヨンを走らせていた。

「ねえたっくん、土左衛門ってなあに？」

そう英美さんが声をかけると、息子は顔を上げてめんどくさそうにこう言った。

「オニだよ」

「鬼？」

「うんそう、海にいるオニ」

そう言って息子は視線を画用紙に落とした。

紙はいつのまにか一面、青色に塗り潰されつつあった。

翌週も夫と潜水艦ごっこをしている最中に、息子は土左衛門が来たから逃げてと泣きながら大騒ぎをしたという。

これは何か友達から聞いた話か、テレビや漫画などで見た怖いシーンなどがトラウマになっているのでは？　と英美さんたちは心配した。どこか相談できる窓口がないかと夜遅くまでネットで調べたりもした。

その翌日の日曜日のこと。

英美さん宅とは道路を挟んだ向かいの家の長男が海の事故で亡くなったという報が、近所の親しい奥さんから伝えられた。

早朝から友人たちと海に遊びに出ていて一人だけ高波に飲まれ、引き上げられた時にはもう手遅れの状態だったのだという。

地元の大学に通う長男の乗っていたバイクは向かいの家の前にいつも停めてあり、英美さん宅の丸窓からその青いボディがよく見えたのだ。

「そういえばさ、たっくんが『土左衛門が来た』っておれの後ろを指さしてるとき、考えたらあのお向かいの長男のバイクをいつも指さしてたような気がするんだよね」

夫はそうつぶやいてからあわてて、

「いや、そんなの偶然だよ偶然」

と打ち消したが、その顔は見るからに青ざめていた。

その週末以来、英美さんの息子は土左衛門のことを言わなくなったそうだ。

# 壁の顔

昔田んぼの真ん中にある工場で働いていた三雄さんは、駅からの送迎バスの車窓から見える景色に気になるものがあった。

どう見ても廃墟らしい四階建てくらいの昔何かの寮だったようなビルである。そのビルの外壁に人の顔のように見える汚れがあったのだ。

偶然とはいえ目、鼻、口だけでなく眉毛やほうれい線まであってリアルすぎ、見るたびに気味が悪いと思っていた。それだけ顔の部品がそろって見えるのに年齢や性別などがわからず、ただ〈人の顔〉だという以上のことは何も伝わってこないところも気持ちが悪かった。

だから怖いもの見たさの気持ちもあり、ある日の仕事帰りにバスを使わず三雄さんは駅までの道を歩いていった。ビルの壁の顔を間近からじっくり眺めてみるつもりだった。

やがてビルが遠くに見えてきたが、遠くから見ている分にはただの汚れた外壁に過ぎない。

だが近づくにつれ汚れは人の顔になっていく。いつも見ている顔だがバスの中から見るのと違って、壁の質感や煤けた黒い汚れが生々しく「本当にここにあるんだな」と妙な感心をしたりした。

歩道に立ってしばらく三雄さんはその巨大な顔に見とれた。

ビルはやはり廃墟で入口は塞がれているし、敷地にも立入禁止とあってロープが張ってあるが、建物の近くまでは簡単に行くことができるようだ。

ロープをまたいで一歩敷地に踏み込んだとき、三雄さんの尻ポケットで携帯電話が鳴り出した。

そんなタイミングだったから驚いて転倒しそうになったが、見れば最近別れたばかりの彼女からの着信だった。

つきあっている当時もめったに電話などしてこなかった彼女がどうして？　と不思議に思いながら三雄さんはすぐに電話に出たそうだ。すると、

『どうしてそんなものかくのか自分で気づいてないんでしょ！　ほんとバカみたい！　最低！』

耳の穴が痛くなるほどすごい剣幕で怒鳴られ、通話は切れてしまった。

はっとした三雄さんは自分が左手に携帯電話を、右手にどこで拾ったのか不明なチョークの白いかけらを手にしていることに気づいたという。

目の前の建物の壁に、何やら絵のようなものを描きつけていることにも気づき、ぞっとして手を止めた。それは子供が落書きするような下品で下手くそな男性器の絵に見えたそうだ。

熱に浮かされたような気分でふらふらと敷地の外に出て、三雄さんは駅に向かって歩いていった。途中でふりかえると廃墟の壁に浮き出た顔はどことなく〈男〉の顔のように見えた。

歩きながら元カノに電話を折り返したが着信拒否にされていた。

翌日から三雄さんが送迎バスの窓から見るビル外壁の汚れは、やつれ切った中年男性の顔にしか見えなくなったそうだ。

# 濡れ衣

友男さんたちが事務所を大掃除していたら百均で売ってるような安物の着せ替え人形、しかも全部裸で首がないのが大量に詰まった段ボールが出てきた。

誰も心当たりがなかったので半年前に辞めた男性社員の名を挙げて「きっとあの人ですよ暗くてちょっと気持ち悪かったから」などとみんなで笑っていたら段ボールが勝手に一回転して倒れ、中身が床にあふれた。

見ると箱の側面にさっきまでなかった蹴とばしたような靴底の跡がくっきりついていたという。

# 野良猫

沙和子はいわゆる霊感が強いタイプではないし、大して関心もないのに不思議とその手の出来事に多く出くわす。

かつて彼女は叔母のマンションに同居していた。その部屋は留守中にテレビが勝手に点いたり、買ってきたばかりの肉が冷蔵庫で腐ったりと、おかしなことがよく起きた。中でも説明がつかないと思ったのは、窓も玄関も閉め切って外出していた部屋に、たびたび近所の野良猫が入り込んでいたことである。

いつも同じ黒白の毛の猫で、帰宅して玄関ドアを開けると入れ違いに飛び出していった。床や天井なども調べたが、猫が出入りできるような隙間はまるで見当たらなかったという。

沙和子と叔母、どちらかでも部屋にいるときは絶対に入ってこないし、ベランダなどにも姿を見せたことはない。ちなみにその部屋はマンションの三階だった。

ある年のお盆休みに、沙和子は叔母と一緒に帰郷した。そして帰りも一緒の新幹線だったのだが、沙和子は座席でうとうとして夢を見た。肩幅のやたらと狭い棒のような男が叔母と沙和子の間に割り込んで座り、ふーふーと荒い息をしているのである。

目が覚めるとそんな男はいなかったが、隣でやはりうたた寝していた叔母も似たような夢を見ていたらしい。彼女のほうは二人の間に文字の刻まれた石の板のようなものがぐいぐい押し込まれる夢だった。

マンションに帰ると、集合ポストに溜まっていた郵便物などを二人で抱えて三階に上った。そして鍵を開けて玄関のドアを開けると、何やらひどい異臭が漂ってくる。うっかり生ものを冷蔵庫から出しっぱなしで出かけたのかな？　そう思って部屋の電気をつけると、リビングの床の真ん中であの黒白の猫がぽっかり口をあけて死んでいた。その口からはまるでどこかから咥えてきたように猫自身の顎の骨がはみ出ていた。

以後もちろん猫の姿は見てないが、

「生きてたときは密室に自由に出入りしたのに、幽霊になって来ないのは変なもんだね」

と叔母とはしみじみ話したそうだ。

# 浮かんでいる八百屋

祐基さんには幼い頃、父親に殺されかけたという記憶がある。

心中未遂というのではない、少なくともそういう切迫した雰囲気ではなかったと祐基さんは記憶している。また父親は日頃暴力を振るうタイプの人間ではなかったし、実際普段は祐基さんにとってごく一般的な優しい父親だったはずだという。

だがある冬の晩、母と弟が親戚の家に出かけて父と二人きりで家にいたときのこと。ストーブの上で温め直しているシチューのいい匂いが部屋中に漂って、そろそろ夕飯だなと祐基さんが読んでいた漫画の本を閉じて顔を上げると、リビングの戸口に立っている父親の姿が目に入った。

なので祐基さんが食事用のテーブルへ移動しようとソファを立ち上がると、何かが背後で風を切るような気配がして、今まで座っていたソファが軽く叩かれたような音をたてた。

不思議に思って祐基さんが振り返ったところ、ソファの背もたれに見慣れた黒い握りの包丁が突き刺さっていた。


何が起きたのか理解できず、祐基さんはぽかんとしてその包丁と父親を交互に見た。

「急に動くなよ、外れちゃっただろ」

そう父親が半笑いの顔で言ったことと、ソファに刺さっている包丁の意味がうまく祐基さんの中で結びつかなかった。

幸いにも父親はそれ以上包丁を投げることも振り回すこともなかったようだ。

ただ食事の準備は放棄してどこかに外出してしまったので、祐基さんは一人でシチューだけの夕飯を食べた。

食後にテレビを見ていたがまだ頭がはっきりせず内容が入ってこなかった。

いつのまにか番組が終わって画面は砂嵐になっており、それでもなぜか目が離せず祐基さんは無数の白い点がざわつくノイズを凝視していた。

ざーっというスピーカーからの音の中にかすかに軽快な音楽が聞こえてくるのがわ

かったという。

耳を澄ませるとそれは近所の団地の下の広場にやってくる、移動式八百屋のトラックが流している音楽だった。

夜なのに八百屋が来たのかな、と思って祐基さんは立ち上がり、窓の外を見た。

すると庭の上、隣家の二階あたりの高さに見慣れた八百屋の白いトラックが浮かんでいた。

月が出ているのか、八百屋はうっすら光に照らされていて、積まれている野菜のつくる複雑な影が窺えた。

驚いて祐基さんが窓を開いて身を乗り出したところ、トラックの運転席から手を振ってくれた人影があった。

それはいつも見ている八百屋のおじさんではなく、頭が大きな南瓜になった奇妙な人物だったという。

「野菜をたくさん食べて、たくましく生きるんだぞ」

南瓜頭は目も鼻も口もない顔でそう言うと、何かをこちらに投げてよこした。

祐基さんが手を伸ばして受け止めると、それは濃い緑色をした小さな玉葱に似た初めて見る野菜だった。

見上げるとすでにトラックの姿はなく、空には見たことがないほどたくさんの星が輝いていた。


祐基さんは手に持った得体の知れない野菜をそのまま思い切って齧ってみた。

少し苦かったが我慢して、

「野菜をたくさん食べて、たくましく生きるんだぞ」

あのおじさんの言葉を反芻《はんすう》しながら、全部平らげてしまったそうだ。

すると急に頭がはっきりしたような、現実にもどってきたような感覚に襲われた。

いつのまにか部屋には母と弟が帰ってきており、母親がソファに突き刺さった包丁を見て呆然としている。

いったい何があったのかと訊かれたが、祐基さんは父親がそれを投げつけてきたことも、その後八百屋のトラックが来てくれたことも言わなかった。

ただ父親が家を出てどこかに姿を消したことだけを伝えると、母はあちこちに電話して父の行方を捜しているようだった。

結局明け方になって警察から連絡があり、父は泥酔した状態で轢き逃げされ路上に転がっているところを新聞配達員に発見され、病院に搬送されていることがわかった。

だが顔にタイヤ痕をくっきり残していたという父親の意識がもどることはなく、翌日には息を引き取ったそうだ。

轢き逃げの犯人は捕まらないまま現在に至っている。

祐基さんは胸の中でひそかに「あのおじさんの仕業なのでは」と思っているそうだ。

# 痣

秀晴さんが昔働いていた小さな会社の社長は背中に顔のように見える痣《あざ》があった。だが本人はそんな痣があると指摘されても信じていなかったらしい。というのも痣はなぜか鏡に映らないしカメラで撮っても写真からは消えてしまっているので、社長は一度も自分の背中の痣を見たことがなかったのだ。

毎年恒例の社員旅行で隣県の温泉に行った際、社長は露天風呂で若い男に殴られ転倒し頭を打ち、搬送されたが脳出血により亡くなってしまった。

このとき警察に逮捕された男は「あいつが背中に無断でおれの顔の彫り物を入れてたからカッとして殴ってしまった」と主張したが、尿から覚醒剤の反応が出たこともあり単なるシャブ中の妄言として扱われ、新聞が事件を伝えた記事にも「意味不明の供述」

とのみ記された。

検死された社長の背中から例の顔に見える痣は完全に消えてしまっていて、どこにも見当たらなかったのだ。

ちなみに犯人の男の顔は、秀晴さんの記憶する痣の顔と瓜二つだったそうである。

# 畑の中

ウェブ編集者の遼さんが、たまに行くバーでマキと名乗る女から聞いた話。

マキは好きな男に会いにいって朝早く帰ってくると、自宅まであと数十メートルという畑の中に会ったばかりの男が立っているのを見たという。

驚いて「何してるの⁉」と声をかけると男もまた驚いた顔でこちらを見返し、わからないといったふうに頭を横に振った。

冷静に考えれば男が寝ているうちに部屋を出て始発に乗ったので、それを先回りして彼女の家の近くで待ち伏せているなんて不可能に近い。

男が畑から出てこようとしないのもおかしいと思って、マキはその場で男の携帯に電話してみることにした。

携帯から呼び出し音が聞こえるとともに、聞き慣れた着信音が畑に立つ男から聞こえてきた。男は両手で自分の体を探って電話に出ようとしているが、電話機が見つからないようであたふたしている。

やがて電話が繋がると同時に着信音が止んだ。

『もしもし……』

ひどく眠たげな声が耳元に聞こえてくる。畑に立つ男はぽかんとした顔でこちらを見ていた。

「ノブくん？　ねえ今寝てたんだよね？　部屋にいるよね？」

『んー、ああマキか……そうだよ……』

「でもさ、今あたしの目の前にもノブくんがいるんだよ」

『……はあ？　何言ってんのお前』

「うちの近所の畑の中に立ってんの。どうしよう？」

『話が見えないんだけど、なんかやばい奴がいるのか？』

「そっくりとか、そういうレベルじゃないわけ。誕生日にあたしがあげた青いシャツも着てるし」

『そのシャツなら壁に掛かってるぞ』

「じゃあこっちのノブくん、偽物かなあ」

『当たり前だろ！　逃げろ！』

マキはあわてて駆け出すと、そのまま駅にもどって電車に乗り、男のアパートへと引き返した。

翌朝男に頼んで家の前まで送ってもらうと、昨日の畑には誰もいなかった。

ただ〈偽物〉が立っていた辺りをよく見れば、盛り土をしたように小さな土の山ができていたという。


「その山がね、毎日通るたびちょっとずつ小さくなっていくんだよね。シーズンオフなのか畑としては放置してある感じの場所なんだけど、山だけは変化するわけ。ちゃんと証拠あるから見て」

マキはそう言ってスマホで地面の写真を次々表示させて遼さんに見せた。

だがどの写真も地面のアップなので違いがわかりづらく、何十枚も熱心な解説付きで延々と見せられても生返事で受け流すほかなかった。

ただ真ん中あたりで土から蟹の脚のようなものが数本飛び出てる写真があったが、なぜかその一枚だけコメント抜きで一瞬でスルーされてしまったそうである。

# 迷路のような家

　ある大学で教員をしている曜子さんは、廊下で学生に呼び止められこんなことを訊かれた。

「先生って迷路みたいに大きな家に住んでるか、昔住んでたことありませんか？」

　驚いて、その女子学生の顔をじっと見てしまったという。

　いつも熱心に授業を聞いている学生で、的確な質問も何度も受けたことがある。

　その学生が真剣な顔でまっすぐに曜子さんの目を見返していた。

「子供の頃に住んでいた家がね、そんな感じだったけど。でもどうして？」

　動揺を抑えてそう答えると、学生は満足そうにうなずいて言った。

「私も生まれ育った家が迷路みたいなところなので、なんとなくわかるんです」

「なんとなく？」

「はい。その人のまとっている空気とか、話し方とかからふっと景色が浮かぶというか……」

「じゃあ、私が住んでた家がどんな感じだったのかわかるの？」

「人がたくさんいて、廊下が所々階段になってましたか？　階段の一番下まで行くと大きなお風呂があって」

「当たってる……」

聞いていて曜子さんは鳥肌が立ってしまった。

曜子さんの両親はヒッピーだったそうで、山間にある元旅館の建物に仲間たちと共同生活していたことがあった。

彼女は三歳から六歳までをその〈迷路のような家〉で暮らした。今でもたまにその家のことを夢に見ることがあるという。

「あなたすごいわね、それって超能力なんじゃないの」

思わず曜子さんがそう言うと、学生は「とんでもないです」と首を横に振った。

「だって他のことは何もわからないんですから」

「あなたも、そういう家に住んでたのね」

「はい。私の場合は祖父が増改築マニアで、家を少しずつ改造して、何十年もかけて迷路にしてしまったんですが」

「今はあなた、そこにお住まいじゃないの？」

「違います。家は火事で焼けてしまいましたので」

「まあ、ご家族は無事だったの？」

「祖父母が、煙に巻かれて逃げ遅れてしまいました」

「それはお気の毒に……」

曜子さんが言葉に詰まると、学生はかすかに笑みを浮かべて続けた。

「祖父は生前、『好き好んでこんなにややこしい家に住んでるんだから、火事になったら諦めるしかないな。そのときは大人しく焼かれて骨になるよ』などと言ってましたから、自業自得というか、本望だと思います。でも巻き添えにされた祖母が可哀想でした」

「……」

「出火原因は祖父の寝タバコだったと言われています。それに祖父母の寝室は家の一番奥まったところにあったので、年寄りでなくても脱出は無理だったかもしれません」

「その家には三人で住んでいたの？」

「はい。両親は私が小さい頃に亡くなって、私は祖父母に育てられたんです」

「まあ。そのお二人も亡くしてしまって本当にお気の毒に……」

曜子さんは何も言えなくなってしまって、思わず学生の両手を握りしめた。

「こんなところで長話もなんだから、下のカフェテラスに移動しない？」

「いえ、これから次の授業なので」

「あらごめんなさいね、引き止めちゃって」

「いえこちらこそ話聞いてくださってありがとうございました」

「あなたとお話できてよかったわ。今度研究室に遊びにいらっしゃいね」

曜子さんは最後に学生の名前を聞いてその場で別れた。


だが曜子さんが授業の受講者名簿を見たところ、その学生の名前はなかった。

それどころか学部に該当する名前の学生はどうやら在籍していないらしい。

毎週授業で顔を見ているのは確かだから、モグリの学生なのか、それとも何かの理由で嘘の名前を教えたんだろうか。

そんなことをもやもやと思いつつ、翌週の授業の日を迎えた。

ところが教室に行くと、いつも一番前の列に座っているはずのあの学生の姿が見当たらなかった。

おそらくこれまで一度も欠席したことはないはずである。

気になって授業中しょっちゅう教室の入口に目がいってしまい、講義に身が入らなかった。簡単な専門用語を何度も言い間違え、学生に指摘されたりした。

結局あの女子学生は最後まで姿を現さなかったという。

それだけでなく、以後二度と曜子さんの前に姿を見せることはなかったのである。

数年後、曜子さんは大学の事務職員と雑談していて気になることを聞いた。

以前、同居している祖父母とともに火災に遭い在学中に亡くなった女子学生がいたというのだ。

職員はその学生の名前を覚えていなかった。が、曜子さんが頼んで調べてもらったところ、焼死した学生は姿を消した女子学生の名乗った名前と同姓同名だった。

そして火事があったのは、曜子さんがあの不思議な学生に会った年のさらに三年前だったのである。

顔写真も見ようと思えば見られるらしいが、それは怖くて確かめていないという話である。

「別人の可能性が少しでも残ってたほうが、ロマンチックに思える余地があるというか、ね。亡くなった子が授業に出てくれてたならそれもうれしいんだけど。ただそれだと、授業中いつも『この中にも幽霊がいるかもしれない』って思うことになるでしょう？それじゃ怖くて教壇に立てなくなっちゃうから」

人前に立つのってただでさえ怖いのにね、と曜子さんは笑った。

# 棒を引かれる

治樹さんの生家近くの工場裏にわりあい大きな池がある。

その池には河童が棲んでいるという言い伝えがあったらしい。

ある日治樹さんが落ちていた長い棒でなにげなく水面を突ついていたら、いきなり真っ黒な手が飛び出して棒の先を握ったという。

そのままぐいぐいと凄い力で引っ張られたので、なぜか治樹さんも意地になって引っ張り返したが。その黒い手との力の差は歴然としていた。やがて水に足が浸かり、腰まで池に引き込まれたかと思うとたちまち肩まで沈み、とうとう口まで押し寄せた水をたっぷり飲んでしまった。

そのとき背後の岸で泣き叫ぶ妹の声を聞いて我に返り、やっと治樹さんは棒を手放したという。

「魅入られるっていうんですかね？　棒を放すという発想がまったく頭からなくなってたんです。あのとき妹がいなかったら棒を握ったまま沈んで溺れてたかもしれません」

そこは昔から子供の溺死が多い池として有名だったらしい。

治樹さんが手放した後池に吸い込まれたはずの棒は翌朝、家の雨戸の外に立てかけてあるのを母親が見つけた。

「これはたぶん『また勝負しようぜ』っていう河童からのメッセージだと思いました」

恐ろしくなって、以後治樹さんはその池には近づいていない。

# 腕

人間は本当に怖い目に遭うと、その場では案外気づかないのではないだろうか。

こんな話がある。

Jさんは結婚前に奥さんとデートしていたとき、夕飯に何を食べるかで言い争いになった。Jさんはファミレスに行きたかったのだが、奥さんはたまのデートにそんなしょぼい夕食は嫌だと言う。だがJさんは、べつにお金をケチってファミレスと言ってるわけではなく、今しかない季節限定メニューが食べたいのだと反論した。

「そんなの別の日に一人で行けばいいでしょ」

「メニューは明日が最終日だし、職場や家の近所にこのファミレスはないんだ」

二人はそう路上で喧嘩を続け、だんだん食事以外の日頃の互いの行状、遅刻癖や金銭感覚などへの不満もぶちまけてヒートアップしていった。

道行く人がこっちをじろじろ見ているのがわかる。Jさんはこういうとき人目を気にしないばかりか、かえって衆目を意識して派手に立ち振る舞ってしまう。

「もういい！　おれはおれの食べたいもの食べるから、きみも食べたいもの食べればいい。別行動！」

Jさんがそう声を張り上げると、奥さんは「ひぇっ」と喉から音を出した。怯えたような目になっているので、ちょっと言い過ぎたかなと思いつつ興奮も冷めやらず、さらに何か言おうとしたところ、

「落ちてきた」

奥さんはJさんを素通りして背後に視線を向け、口を震わせていた。

「話をそらすなよ！」

激昂しながらもちょっと気になってJさんが背後をチラ見すると、路上に指輪をたくさんつけた腕が落ちていた。

「そんなことはどうでもいいからさ、話の続きだけど……」

だが話の続きをしようとしながらJさんは急速にテンションが下がっていくのを感じた。

もう一度振り返ると、道路にはたしかに腕が落ちている。

そして少し離れた場所に、下着姿の女が道路に顔からめり込むような体勢で倒れていた。

「……限定メニューはやっぱりいいや。中華とかタイ料理とか行く?」

小声でそう言ってJさんは奥さんの肩を抱くと、その場をそそくさと後にした。

タイ料理屋でシンハービールを飲みながらパッタイをつまんでいたら、突然「さっきのは死体だった」ということがはっきり意識されてきたという。

それからじわじわと骨の髄を浸していくような恐怖を感じ、Jさんは心身ともに冷え切っていくのがわかった。


後で調べて知ったのは、あのときすぐ目の前のマンションの最上階からヤク中の女が発作的に飛び降りたということと、ちょうど街灯の上にある構造物に当たって轢断《れきだん》され本体と腕が分かれてしまっていたということだ。

奥さんはマンションのほうへ顔を向けていたが、喧嘩に夢中で飛び降りには気づかなかったようだ。ただいきなり視界に腕が転がってきたので、最初はマネキンの腕だと思ったそうだ。


その後二人の間でたびたびこの日のことが話題になった。

そのときちょっとした言い争いになったのは、

「轢断されていたのはどっちの腕だったか？」

ということである。

手のひらが上を向いていたという点で意見は一致したが、奥さんは右腕だったと言い、Jさんは左腕だったと記憶していた。

ネットで検索してもその点についての情報はヒットせず、現場は生活圏から少し離れているので知り合いにこの界隈についての事情通もいない。

そこで二人は「その場にまた行ってみれば何か手がかりがあるかも」と一ヶ月ぶりに現場を再訪したところ、女の腕が転がっていたあたりの路上に立った途端、

「ひぇっ」

奥さんがそう喉から音を出してJさんの右腕を指さした。

だが指さしている奥さん自身の右腕を見て、Jさんも変な声を出してしまった。

半袖から覗く二人の右腕はどちらも肘の少し上あたりをぐるっと囲んで、赤い血の輪のようなものが浮かんでいた。

まるで切断された腕を、その位置で咄嗟に繫ぎ合わせたかのように見えたのだ。

不思議なことに赤い輪はほんの数秒で消えてしまい、シャツの袖にも血などが付着した痕跡はみとめられなかった。

だがその奇妙な現象に遭遇した二人は、現地にわざわざ確かめにきた疑問点について同時に結論に達していたという。

つまり、

「右腕だった」

ということになったのである。

# 伝統

タイジさんがある晩家のベランダで煙草を吸っていると、ずいぶんきらびやかな僧衣をまとった初老の男に路地から手を振られた。

なぜ坊さんがおれに？　と訝りつつ思わず手を振り返すと、挟んでいた煙草をうっかり指の間から取り落としてしまった。

するとすかさず跳び上がった坊さんが見事に空中で煙草をキャッチ。そのまま獣のように四足で走ってどこかに逃げ去っていった。

「狸が煙草欲しさに化けたのだろう。あいつら坊主に化けるのが伝統だからな」

タイジさんの話を聞いた九十歳になる祖父が、そう言って笑っていたとのこと。

# 黄色いエレベーター

ライターの三好くんは飲み屋でバイトしていたとき常連客のOという女と仲よくなり、やがてつきあうようになった。

Oは三好くんの五歳上で仕事はしていないようだったが、親が土地持ちで裕福なので「遺産の前借り」だと言って小遣いをもらって飲み歩いているという話だった。

気前よく食事をおごってくれるし、外を歩いていると時々ビルを指さして「これうちのビル」と言ったり警備員に手を振ったりしていたので三好くんもOの話を信じ込んでいた。だがしだいに彼女の話にいろいろ辻褄の合わないところが出てきて虚言癖に気づいたり、三好くんのバイト先のマスター（妻子持ち）と二股をかけられていることもわかって嫌気がさしたので三好くんはOに別れ話を切り出したという。

するとOは泣いて謝って「マスターとはもう別れる」「親が土地持ちというのは嘘だけど、少し前に遺産が入ってしばらく働かずに済むお金がある」そう話したので三好くんも納得して、もう一度やり直すという話になった。

だがすぐに遺産の話も嘘だとわかり、Oの親はどうやら健在で普通のサラリーマン家庭だし、Oは遺産ではなく何年か前に離婚した慰謝料で少しの間生活していたようだが、今はかなりの額の借金を拵えていることもわかった。

三好くんは二度も騙されていたことがわかるともう無理だと思って、別れを告げてOとは連絡を絶った。


Oからはその後もしばらく一方的に電話が掛かってきたが着信拒否にすると、そのうち知らない番号から頻繁に電話が掛かってくるようになった。

それも無視していたらやがて止んで、同じくらいの時期に三好くんは新しい彼女ができた。同い年で眼科のクリニックで看護師をしている女性だ。その彼女と街を歩いていたときのこと、夕飯を食べにいこうという話になって彼女が「オムライスが食べたいな」と言い出した。

ちょうど近くのビルにオムライス専門店の看板が出ていたので、あそこへ行こうと言ってビルの入口まで来て三好くんは気づいた。ここは以前Oが「うちのビル」と言っていた建物のひとつだった。

もちろんそれは嘘だったわけだが、Oのことを思い出してちょっと嫌な気分になった。それで立ち止まっているあいだに彼女がビルに入ってしまって、エレベーターの前でこちらを振り返っていたのであわてて三好くんは後を追った。

オムライスの店は上のほうの階にあるらしい。到着したエレベーターに乗り込んだところ、壁が妙に黄色いなという印象を受けた。彼女もそう思ったようで「なんかすごく黄色いね」とつぶやいた。そういえばOは黄色がラッキーカラーなのだと言っていて、バッグや小物にやたらと黄色を身につけていたなと三好くんは思い出す。そのわりに服は黄色を着なかったが、それは肌がかなり黄色がかっているからだと本人が言っていたことも思い出した。

「なんだかノロいねこのエレベーター」

彼女に言われて三好くんははっと我に返った。階数表示を見ると目的の階までまだ半分も過ぎていないようだ。

しかもだんだんフロア間の移動時間が長くなっているような気がした。あまりに表示が変わらないので、故障かと心配になり緊急ボタンに手を伸ばしそうになった頃、やっと階数表示が変わる。そうしてようやく目的の階に着いたとき三好くんの携帯電話が鳴りだしたという。

見れば、画面に〇の名前が表示されていた。着拒にしてあったはずなのに⁉　三好くんは焦って電話を切るつもりが逆に通話状態にしてしまった。

『ああーっ、マサヒロくーんっ！　入ってるねっ！』

異様に大きな声がいきなり電話から自分の名前を呼んだので、気が動転した三好くんは携帯を床に取り落とした。拾い上げようとするとさらにその忘れがたい声がエレベーターの中に響き渡った。

『あぁマサヒロくーーんがっ、入ってるっ！　あたしの中に入ってるよぅーーーーっ！』

顔から血の気が引くのを感じながら三好くんが電話を切っておそるおそる顔を上げると、彼女はエレベーターのドアを開けたまま無言で待っていた。

咄嗟に言い訳が思いつかず、黙って携帯を握りしめたまま箱の外に出た三好くんの前を彼女は早足で歩いて、オムライス屋へたどり着くとウィンドーのサンプルを眺め始めたという。

「ねえこれとかすごく美味しそうじゃない？　本物もこれくらい大きいのかな？」

そう目を輝かせている彼女の横顔を見て、もしかしてさっきの電話の声聞こえなかったのかな？　と思った三好くんはそっと手元の携帯を窺ってみた。

するとたった今出てしまったはずのOからの着信記録が残っていない。頭に疑問符を浮かべたまま三好くんは彼女に促されるまま店に入り、案内されたテーブルについた。

どういうことなのかよくわからないが、とにかくOのあのやばい喘ぎ声は彼女には聞かれていない。それだけは確かなんだと思うと三好くんの心に安堵が広がり、椅子に背を預けてぼんやりしてしまった。

「お腹空いたから早く頼もう、私もう決めちゃったよ」

彼女に差し出されたメニューを見て我に返り、適当に選んで店員を呼んだ。

やがて料理が揃って「いただきまーす」と言うと彼女は食べ始めた。

三好くんも目の前にふわふわのオムライスを見て匂いを嗅ぐと急に食欲を感じ、手にしたスプーンを卵に差し入れた。

「おいしー」

そう目を細める彼女に「うまいよね」と返しながら食事が進む。半分くらい食べた頃に彼女が「電話だ」と言って自分の携帯を手にした。

「知らない番号……」

そう彼女がつぶやくのを聞いて三好くんは嫌な予感がした。だが彼が何か言う前に彼女は電話に出てしまった。

「もしもし」

『あぁーっ！』

彼女の声と被さってOの喘ぎ声が漏れ聞こえてきて、三好くんはふたたび血の気がさーっと引いていくのを感じた。

「もしもし、もしもし」

『あぁっマサヒロくんっ！　あたしを食べてるーっ！』

「もしもし？」

『もっと食べてっ！　マサヒロくんっ！　もっとあたしを食べていいのよぅーーーっ！』

「無言電話だ。切っちゃえ」

そう言って彼女は携帯をテーブルに置いた。

「ごめんね食事中に。なんかイタズラ電話だったよ」

無言で固まっている三好くんを見て、不思議そうに首をかしげていたそうだ。

三好くんはすっかり食欲が消え失せて、それ以上スプーンを手に持つ気さえ起きなかった。

以後Oから電話が掛かってきたことはないし、近況もまったく知らないと言う。

「もともと共通の知り合いがほとんどいなかったんで。だからなんとなく勘でしかないけど、もう死んでるんじゃないかって気がするんですよね。というか、あの変な電話の時点でたぶん死んでたんじゃないのかな」

三好くんはそう言ってふっと暗い表情になった。

その表情の意味はわからないが、すべて十年近く前の話だそうだ。

# 家

康樹さん一家がそれまで暮らしたB町を離れることになったのは、約三十年前のことで、両親ともにすでに亡くしている康樹さんは当時の事情を詳しくは知らない。

おそらく少なからず借金を抱えていたこと、母親が近所のスーパーで万引きをして捕まり、前科はつかなかったが噂は周囲に広まって人の目を気にしたことなども理由だったのだろう。

一家が引っ越した先は同じ市内のT町にある平屋建ての借家だった、その家には「隣家」がなかったという。竹藪の斜面を背にして狭くなっていく地形の突き当りにあり、手前の平らな土地には駐車場がひろがっていた。近隣の家から孤立したそんな立地が、当時の家庭内の雰囲気に合っていたとも言えるし、よけい陰鬱なものにしていたと言えるかもしれない。

この家には前の住人の残していったものがいろいろあった。小さな家と狭い庭だったが、時々思いがけない発見があるので康樹さんは越してきてしばらくはあちこち探検するのを日課にしていたらしい。

狭い庭には不釣り合いなほど大きなタイサンボクが生えていたが、その裏に小さな物置があるのに気づいたのは越してきて十日ほど経った頃だった。

引き戸には鍵が掛かっていなかった。開けると埃をかぶった工具類や自転車の空気入れ、金属バットなどが目に入って康樹さんは興味津々だったが、どれもいかにも古びて長年放置されていたことがわかるものだった。

その中にひとつだけ被っている埃が薄く、最近そこに置かれたように見えるものがあった。麻のような質感の白い袋で、大きさは康樹さんが膝を抱えたくらいあったという。

さっそく中を見ようとしたが、口の紐がきつく縛ってあってほどけない。

これは鋏で切らないとだめだなと思った康樹さんは、家の中から裁縫鋏を取ってもどってきた。

切ろうとして袋の口を見ると、なぜかあんなにきつかった紐がすでにほどけていた。首をかしげつつ中を覗くと、木の箱のようなものが見える。蓋は本を伏せたような形で家の屋根を思わせた。蓋だけが茶色に塗られ、本体は白っぽく塗装されているのも家のようだ。

康樹さんはそれを袋から出して地面に置いてみた。蓋を持ち上げてみたが箱の中は空っぽだった。側面に出入口の穴は見当たらないし、サイズも小さすぎるから犬小屋ではないだろう。

遊びに使うにはあまりに味気なく粗末な〈家〉だったので興味を失い、康樹さんはそのまま庭に放置して近所の公園へ遊びにいった。

その晩は両親が夕飯の席で些細なことから喧嘩を始めた。

母の焼いた豚肉の味噌漬けが焦げすぎていると父が文句をつけ始め、そこから互いの日頃の不満をぶつけ合う罵《のの》り合いが延々と続くいつもの喧嘩だ。

康樹さんは無視して下を向いてご飯を食べ続けたが、耳に入ってくる嫌な言葉に気は沈んで食欲も急速にしぼんでいく。

ご飯をお代わりせずにさっさと一人で風呂に入ると、まだ寝るには早い時間だが布団に入ってしまった。康樹さんは両親が喧嘩をしているときは子供部屋と衣裳部屋を兼ねた六畳間に逃げ込むが、壁が薄く罵声は筒抜けなのでさらに布団にも潜り込むのだ。

この晩も布団をかぶって去年の夏、今よりまだ仲の良かった両親と行った海水浴場のことを思い出していた。海の家で食べたイチゴのかき氷の甘さと、歯にしみる冷たさを口のなかで蘇らせているうちにいつのまにか眠っていた。

目が覚めると康樹さんは、布団を跳ねのけて畳に大の字になっていた。

顔が掃き出し窓にふれそうな位置にあり、庭のざわつきが聞こえてきたのだという。

立ち上がって外を見ると、まだ暗い庭に人だかりができている。

狭い庭なのにまるでお祭りの会場みたいに人がいた。こんなに人が入れるわけがないのに、と疑問に思うが、べつに人形のように小さな人たちというわけでもない。

不思議だなあと首をかしげながら、窓を開けて康樹さんも庭に出ると、その人たちの中に混ざったそうだ。

人々はみんな同じ方向に歩いているようだった。この先に何があるんだろう？　黒っぽい服たちの隙間から覗き見ると、昼間庭に出しっぱなしにしていた小さな〈家〉があった。

どうやら人々はその〈家〉に向かって進んでいるようだ。康樹さんも一緒に歩いたが、すぐそこにあるはずなのになかなかたどり着かない。あまりにも着かないから、その〈家〉は小さいのではなく、遠くにあるのかもしれないと康樹さんは思った。

すると案の定、康樹さんが歩みを進めるにつれて〈家〉は少しずつ大きくなってきた。

やがて本物の家のように目の前に立ちはだかったのだという。

だがここで康樹さんは困ってしまった。他の人たちはみんな、まるでドアを開けるようなしぐさをしてその家の中に入っていく。それなのに康樹さんにはドアが見えなかった。試しに壁を手で探ってみたけれど、ただ平らなだけでドアノブのようなものには触れない。もたもたしているうちに後ろから来た人に脇へ押しのけられ、今度はどんどん〈家〉が遠ざかっていってしまう。

そうしてふと気づくと周囲には誰もいなくなっており、康樹さんは裸足で庭の土の上に立っていた。

見れば月の光の下に小さな〈家〉の姿が浮かび上がっている。

康樹さんが近づくと、今度は〈家〉は小さなままだった。

屋根を両手に掴み、持ち上げてみた。

すると何だか黒いな、というのが第一印象だったという。

目が慣れると、箱の中が〈暗い〉のではなく〈黒い〉理由がわかった。

その四角い空間は小さな蠢《うごめ》くものたちで埋め尽くされていた。

無数の雄と雌のカブトムシが、ぎっしりと絡み合うように中で互いの体の上にしがみつき、蹴散らし、のし歩いている。

康樹さんはしばし恍惚としてその光景に見とれたのち、

「いけない！　逃げられちゃう！」

そう思ってあわてて蓋を閉めたという。

すごいぞ、こんなにたくさんのカブトムシは見たことがない。明日の朝、登校班の子たちを連れてきて自慢しよう。放課後はクラスの子たちを連れてきて見せびらかすんだ。こんなにいるんだから一匹ずつ分けてあげてもいいいな。

うっとりと想像をめぐらせたあと　蓋の上に重しの石を載せて、康樹さんは部屋にもどるとぐっすりと眠ったそうだ。

だが朝起きて嬉々として庭に降り立った康樹さんが屋根の重しを外し、蓋を持ち上げると〈家〉の中は空っぽだった。

昨日の昼間見たときと同じく、底板にわずかに砂が溜まっているだけで中には蟻一匹見あたらなかった。

康樹さんは大切なものを体からもぎ取られたように悲しくなって泣いた。


小さな〈家〉がその後どうなったのか康樹さんはまったく覚えていないが、あの晩見たようなカブトムシの群れはもう一度だけ見ている。

引っ越して一年後に康樹さんの母親は家の風呂場で湯に浸かったまま手首を切り、お湯を真っ赤に染めて死んだ。

そののち母の骨をなぜか母の実家の墓に納めることになったそうだが、その納骨の際に康樹さんは墓石の裏が真っ黒になるほどカブトムシが群がっているのを見たという。

このときは康樹さんはカブトムシを見てもなぜかまったく感情が動かなかった。ただ「やっぱりあのときのことは夢じゃなかったんだな」と思いながら、大人たちが大騒ぎでこの昆虫を〈駆除〉するさまをぼんやり見ていたそうだ。
平成最初の夏のことである。

# 縞影

　Sくんの後輩である功児さんは、二年ほど前から他人の影を見るのが癖というか強迫症のようになってしまっていた。

　というのも、ごくまれにだが影の状態が他人と異なる人がいることに気づいてしまったからだ。

　影に濃淡があって、縞模様ができている人がいるというのだ。

　もちろん最初は光の加減でそう見えるのかと思ったが、同じ場所に複数人いても一人だけそうなっていたり、移動しても変わらないのでおかしいなと思うようになった。

　しかも本人や周囲の人に指摘しても「何を言ってるの？」という顔をされるだけで、その縞模様は功児さんにしか見えていないのだとわかった。

　いったい、影が縞模様になっていることにはどんな意味があるのか？　気になって知人にその〈縞影〉が現れたときには、その後当人の身に何かよくないことでも起きはしないかと情報を集めるようにしていた。

すると功児さんが〈縞影〉を見てから早くて一週間、遅くとも半年以内には当人の身近な誰かが急死するという法則がつかめたという。

つまり長く患っている人やいかにもお迎えの来そうな老人ではなく、ごく健康そうな若い人が急病や事故、自殺などで命を落とすというパターンである。

だが本人ならともかく、その身近な人——家族や親戚、友人や恩師などいろいろ——というのでは範囲が広すぎて気をつけようがないし、そのことを〈縞影〉の出ている本人に伝える気にもなれない。

だから結局は自分の胸にしまっておくほかないのだが、それでもつい気になって他人の影に目がいくし、人の多い場所に出かけると当然のように何人かは異変の現れた影を連れ歩いている人がいるのだ。

だんだんノイローゼ気味になってきた功児さんは、昼間は外を出歩くのを恐れて室内に籠りがちになった。

だが夜の灯りの下でも影はできるし、夜の街にも〈縞影〉を従えている人たちはいた。

だからできるだけ地面には目を向けないし、夜でもなるべく影が見えにくいようサングラスを掛けて外出するようになったという。

そんな半隠遁生活を送っていた功児さんだが、ここ最近は昼間でもサングラスなしで外出しているそうだ。

「一週間くらい前からかな。急に会う人会う人、全員影が縞模様になってるんですよ。だから逆に全然気にならなくなったっていうか。ほんと渋谷とか池袋とか銀座とか歩いてても〈縞影〉しか見ないの。気持ちいいくらい全員そう。これって〈縞影〉の出る意味自体が今までとは変わっちゃったのか、それとも今東京で街歩いてる人全員の〝身近な人〟にそう遠くない未来に……っていうのかどっちかだと思うんですよね」

軽く躁気味にまくしたてるそんな電話を、取材仲介者であるSくんに一ヶ月前の深夜掛けてきて以来功児さんとは連絡が取れなくなっているらしい。

功児さんと我々の、いずれもの無事を願いたいものである。

# いらない

勉さんは最近身近な人の不幸が続いた。

そういえば死亡事故現場を興味本位で訪ねてからだと思い至ったので、厳粛な気持ちで再訪し、花束を供え手を合わせてきた。

数日後、母親が就寝中に脳出血で亡くなった。

枕元にあったチラシの裏に母の字で「花はべつにいらない」と走り書きされていた。

# しんだ

その駅では何度か飛び込み自殺があった。昨日もあったんだよなと思いつつベンチに掛けていると隣に誰かが座り、妙に体を寄せてくるのでぎょっとして見たら肩から上と腰から下のないないスーツ姿の男がいた。

ジェスチャーで「おれ、ここで、とびこんで、しんだ」と伝えると男は消えたという。

# ドライブイン

美加さんがバイクで峠を走っていると昭和っぽい店構えのドライブインがあった。店の前に自転車ばかり何十台も止まっていたので「こんな山奥なのに」と不思議に思いつつ通り過ぎた。しかもＭＴＢやロードバイクは見当たらずママチャリばかりだったことに気づき、引き返してみたがそんな店はどこにも見つからなかったという。

# みーこ

Mさんが若い頃、飲んでた店でやくざ同士が揉め一方が刺され犯人は逃げた。刺された男は薄れゆく意識の中「みーこ、みーこ」と譫言のように言い続けた。するとどこからか黒猫が現れ男の足に寄り添い、床の血を舐め始めたという。男の搬送時猫は一緒に救急車に乗ったように見えたが、救命士に猫は見えなかったらしい。

刺された男はまもなく死亡、後日犯人は逮捕された。事件現場になった店ではその後も時々黒猫が見かけられた。どこから入ってきたのかいつのまにかいて、いつのまにかいなくなっている。食べ物をやっても見向きもしないが「みーこ」と呼ぶとこちらを見る。ただ、動きがすばしこいのか誰も触《さわ》れなかったようだ。

# 妻

出張と偽って浮気相手と泊っているホテルで、携帯に妻から電話が入った。
『どこにいるの』
「もうホテルに着いてて寝るところ」
『その部屋やばそうだから替えてもらったら？　なんか邪悪な念を感じるよ』
霊感持ちの妻が心配そうに言う。
苦笑して電話を切り、浮気相手のほうを見た彼は悲鳴を上げた。
女の背後に、物凄い顔の半透明の妻の姿が浮かび上がっていた。

# 業火

山間の小さな村が賢一さんの祖母の故郷だった。十歳まで暮らしたという村の思い出を祖母は寝る前などによく話してくれたそうだ。

その村に僻地《へきち》にはそぐわない立派なお屋敷があった。なぜか空き家だったので不思議に思った祖母が親に訊ねたところ、はぐらかすような答えばかりで理由はちゃんと教えてもらえなかったらしい。

しばらくして村で老人が死んだとき、亡骸《なきがら》をそのお屋敷に運んで通夜をしたのを見て「ここは死んだ人のための家なんだ」と祖母は思ったそうだ。

だが何度かそこで葬式が行われるのを見たのちに、ある日屋敷に火事が出てあっという間に焼け落ちてしまった。

以後その村ではずいぶん火事の件数が増えて、逃げ遅れて焼け死ぬ人も多く出たという。あまりの多さに当然放火も疑われたが証拠は見つからず、なぜか村を出てよそに移った者にも火事や火の事故で焼け死ぬ者が多かったらしい。

小さな村だからそうして人が減るとたちまち村全体が離散して、祖母も家族とともに町へと移住したのである。

「あの焼けたお屋敷はたぶん、村の者が死んだ後で暮らすための家だったんだろう。そこが焼け落ちてしまったから、あの村生まれの者は安寧には死なれない。生きながらに火に焼かれる運命が取りついたんだろうよ」

そんなことを、幼い賢一さん相手に冗談めかして語る祖母だった。

だが彼女自身も二十年ほど前、台所の揚げ物中の事故により全身火傷を負い、苦しみながら亡くなったのだという。

# 斎場行き

知人のEさんは数年ぶりで里帰りしたときにこんな話を聞いたという。

Eさんの高校時代の同級生で、カズちゃんという今は酒屋の店主をしている男がいる。ある日そのカズちゃんが配達に行って帰ってくると店の前に見知らぬマイクロバスが一台停まっていた。

邪魔だなと思ってクラクションを鳴らしたが移動しないので、しかたなくカズちゃんが軽トラを降りて前へ歩いていくと、マイクロバスは人が大勢乗っているが運転手が不在のようだった。

こんな場所に何の用で停めたんだろう？　そう思いつつ側面を見るが施設名や社名など何も書かれておらず、首をかしげながら引き返したカズちゃんが「なんか、斎場へ行くバスみたいだな」と思った途端、バスは突然発進した。

驚くカズちゃんを置いてそのまま黄信号の交差点に突っ込んでいくと、バスはたちまち遠ざかり見えなくなったという。

一瞬ぽかんとしたけれど、すぐに「運転手は車内にはいたんだろうな」と思い直して軽トラを店の前に寄せると、カズちゃんは回収してきた瓶を荷台から下しはじめた。

作業が終わって店の奥に行くと、奥さんが浮かない顔で座っていたからカズちゃんが「どうしたの？」と訊いたところ、

「いやな夢見ちゃった」

奥さんはそう言ってため息をついた。

「さっき裏でウトウトしてたら夢見たんだけど、実家に住んでた頃の設定なんだよね。駅に出ようとしてバスに乗るんだけど、なぜか終点が駅じゃなくて斎場なの。間違えたと思って今度こそ駅行きのバスに乗るんだけど、また斎場に着いちゃうの。何度乗り換えても終点は斎場。たぶん毎回別の斎場だったはずだけど、入口のところに大きな立て看板があるでしょ？　そこに書いてある名前がみんな同じ名前だったんだよね。どの斎場でも同じ人の葬式やってたわけ。そのことに気づいて、まったく同じ顔の仏さんが何十人もいるところ想像してぞっとして目が覚めたの」

カズちゃんは奥さんの話を笑いとばしてこう言った。

「さっき店の前に停まってたバス、まさに斎場に行くバスみたいだったじゃない？　だからそのまんま夢に反映してそういう夢見ただけだよ」

するとと奥さんは「こんな狭い道にバスなんて停まってたの？」と言って驚いている。

どうやら眠っていて知らなかったようだが、それでもエンジンの音などで無意識にバスがいることを知り、夢にも出てきたのだろうということになった。


ここからは奥さんの体験談である。

ある日店番をしていたら、いつのまにか和服姿の上品そうなお婆さんが店内にいたそうだ。

ドアが開く気配がなかったので不思議に思いつつ、お婆さんを目で追ったがどうも掴みどころがないというか、まるで水に映っている人のように揺らいで見えてしまう。

目の調子が悪いのかなと思ってパチパチとまばたきをした直後、お婆さんは奥さんの目の前に立っていた。瞬間移動してきたように感じて悲鳴を上げそうになった奥さんが慌ててこらえていると、

「このへんにツカヌモケンケンエンっていう火葬場がありませんでしたかねえ」

お婆さんは丁寧な口調でそう言ったという。

「ツカヌモケンケン……？　火葬場？　ですか？」

思わず訊き返すと、お婆さんは返事も待たずに背中を向けて出口のほうへ歩いていった。

近くに火葬場などないはずだが、お年寄りだし万が一徘徊老人の可能性もあると思って、奥さんは引き留めようとしたらしい。

だがドアが開いたという記憶はないのに、すでにお婆さんの姿は店から消えていた。

そのとき奥さんは先日見た夢のことを思い出して、体の芯から震えあがったという。

はっきりとは覚えていないものの、夢で斎場の立て看板にあった「同じ名前」は女性名だったはずだ。それもいかにも昔の人っぽい名前だった。だから今のお婆さんがあの夢の中の「仏さん」だったのではと思うと恐ろしくなってしまったのだ。

配達から帰ってきたカズちゃんは奥さんが青ざめた顔で今あったことを話すと、

「今度もまた夢だったんじゃないの？　ていうか夢ならいいけどさあ、客に寝ぼけて対応とかしてたら困るからちゃんとしろよな」

そう軽く答えてしまったのだが、これには奥さんがカンカンに怒ってしまった。

「夢と現実の区別ぐらいつくよ！　すごく怖かったのに、なんなのその冷たい言い方!?　そういうところが感じ悪いって近所で噂されてんの知らないの？　この不景気にせっせと客減らしてんのはあんたのその態度なんだよ！」

カズちゃんは必死に謝ったが奥さんは許してくれず、それから一週間ほどまともに口を利いてくれなかったそうだ。

# 視線

この話を教えてくれたのは、Hという町で書店を営む男性オダさんである。

よく知られている通り、昨今は書店経営がどこも苦しく、ことに個人経営のいわゆる〈町の本屋さん〉は壊滅的な状況にある。

オダさんの経営する書店も例外ではないようだ。最近は店はいつもがらがらで、数少ない常連客の老人たちと長話をしていることが多い。レジに客が来て話が中断することが少ないから、自然に長話になってしまうのである。

そんな常連客の一人にMさんがいた。たぶん七十代くらいで、最近妻に先立たれたらしい。

子供たちは遠くで暮らしており、孫の顔もめったに見られない。毎日ひまでしかたないから商店街をぶらぶら歩き、昔からのなじみの店を冷やかして歩くのである。

「だけどここ数年でずいぶん閉めちゃったね。×××って喫茶店があるでしょ？　あそこもご主人が足腰弱っちゃって、先月いっぱいで閉店だったね。○○軒も奥さん倒れてからずっと休業してて、最近休業の貼紙もなくなっちゃったよね。あれはもう再開はないんだろうな」

そんな話をだらだらとして、またふらっと店を出ていくのだ。

どこでどんな話をしたのか忘れてしまうのか、そもそも話題がそれしかないからか、毎回ほとんど同じ話をしていくらしい。

だがあるとき、Mさんはいつもと違う様子で店に入ってきた。

眉をぴくぴくと動かして、何か複雑な表情を浮かべて話しかけてきたという。

「おれ今あの信号の角のところで、ヤナシマさんに会っちゃったよ」

ヤナシマさんというのは、かつてこの書店の常連客だった男性である。

だが二年ほど前に亡くなっている。もう相当いい歳だったはずだ。

「いや、おれボケちゃったわけじゃないよ。ヤナシマさんがいないことは知ってるんだけど」

Mさんは困ったような顔をして、店の外を振り返った。

「でも会っちゃったんだ。あれは間違いなくヤナシマさんだった」

Mさんによれば、ヤナシマさんは両手をぶらっと垂れて目も虚ろだったが、まるで生きている人のようにはっきりと見えたし、名前を呼んだら反応してこっちを見たのだそうだ。

「でもなぜか視線が合わないんだ。こっちを見てるのに、おれじゃなくて遠くを見てるみたいだった」

だから悲しくなってすぐにその場を後にした。途中で一度振り返ったけれど、もうヤナシマさんの姿は消えていたそうだ。

「でもねよく考えたらあれはそもそも、おれを見てたんじゃないかもしれない」

Mさんはそう言ってぐっと身を乗り出してきて、小声で続けた。

「ヤナシマさんの視線が向いてたのは、たぶんこの店だったんだよ」

「ええっ」

それまで黙って半信半疑で話を聞いていたオダさんは、思わず声を出した。

「ちょっとやめて下さいよ、怖いじゃないですか」

「ヤナシマさん、生きてた頃は毎日これくらいの時間に顔見せてたでしょう？　だからきっとこの店に来たくてじっと視線を向けてたんだな」

自分の言葉に納得するようにMさんは何度もうなずいた。

「でもなぜかあの場所から動けないんじゃないかな。そういう感じだったよ、後から考えるとね。死んだらもう体がないからさ、どこへでも自由に飛んでいけるのかと思ったけど、意外とそうじゃないのかもなあ」

最近腰痛がひどいという腰をさすりながら、Mさんは寂しそうに言った。


その後Mさんは店に来るたびヤナシマさんのことを話題にした。

あれから何度もヤナシマさんの姿を見ているらしいが、いつも同じ信号のところに立っていて、Mさんいわく「この店のほうをじっと見てるよ」という話だった。

「人通りがないときに、話しかけてみたりしてるんだけどね」

人に見られたらボケたと思われるからさあ、とMさんは笑った。

「だけど無反応。ぜんぜん聞こえてる様子もないし、おれのことも見ちゃいない。触れるかって？　手が届くくらい近づくと姿がぼやけて見えなくなるんだよな。だから肩をポンと叩くこともできないんだ」

ヤナシマさんを見たという報告はオダさんが店に立っているときばかりだったから、現場へ確かめにいくことはできなかった。

「店番しててあげるからヤナシマさんに会ってきなよ」

そうMさんには勧められたが、なんとなく気乗りせず行かずじまいだったらしい。

やがてMさんも店に姿を見せなくなり、心配していたら入院しているという噂が聞こえてきた。それからほどなくMさんの訃報が届いた。

Mさんが亡くなった後に一度だけ、店を奥さんに任せてオダさんは例の信号の近くにしばらく立っていたことがある。

日が翳《かげ》って寒くなるまで立っていたが、ヤナシマさんの姿は見えなかった。

そのかわり信号待ちしているトラックの陰から一瞬だけMさんが顔を出したような気がした。横から首をひょいと覗かせた人がいて、それがMさんにそっくりだったのだ。

直後に青信号になってトラックが動き出し、通り過ぎた後には誰もいなかったという。

そのオダさんの書店も、今年いっぱいで閉店になるそうだ。

## 新宿のマンション

新宿のマンションだという話だけれど、場所など詳細はわからない。

修己さんの高校の女の先輩で何度か会ったことがあるUという人がいた。

Uは小さな芸能事務所のスタッフとして働いていたが、素行に問題があってクビになり家賃の支払いにも困るようになったという。

住んでいるマンションは新宿にあるからそれなりに家賃が高いが、新宿にしては安かった。細長かったり薄っぺらかったりするビルがテトリスのように密集した一角で、まったく日は差さないし殺風景な部屋だが、Uはなぜかすごく気に入っていたらしい。

そこで彼女は前からちょっかいを出してきているある会社の社長の愛人になることを画策したのだ。

社長はいかにも冴えない爺さんだし会社も景気よさそうには見えないが、社長という立場ならワンルームの家賃と小遣いをくれる程度の余裕くらいらあるだろうと踏んだらしい。

そして目論見通りUは晴れてその社長の愛人となり、マンションには毎週社長が通ってくるようになった。

「陰気な部屋だなぁ」

社長は来るたびにまるで初めて来た部屋のようにそう言ったという。

たしかに窓の外は他のビルの壁ばかりで殺風景だが、部屋はUの趣味でけっこう派手めに飾り立てられている。それでも社長は陰気だ陰気だと繰り返すので、Uはどうにも腑《ふ》に落ちなかった。

「こういうインテリアは嫌い？　だったら××さんのお好きな感じに変えますよ」

ある日Uは社長にそう言った。うまく言いくるめて部屋の模様替え代をせしめようという考えだったようだ。

「いや、そういうわけじゃないんだがね」

社長はうーんと唸って部屋を見回した。

「あーわかった。この部屋じゃない、隣だね」

そう言いながら壁に近づいていき、くんくんと臭いを嗅ぐようなしぐさをしている。

それを見てUは焦ったという。

隣室は以前住人の男性が部屋で病死して二週間ほど放置されていたことがあった。そのことが関係しているのか今は企業が借り受けているらしく、複数の外国人が出入りしているようだが夜は無人のようだった。

「ちょっと待って。××さんって霊感とかある人なの?」

あわててUがそう訊ねると、社長はいやいやと顔の前で手を振った。

「昔ちょっと葬儀関係の仕事してたもんでね、鼻が効くんだと思うよ」

「でも、隣で人が亡くなったのって三年くらい前ですよ! そんなに長期間臭いって残るんですか?」

そう言いながら思わずUも鼻をひくつかせてしまう。

「いやあ、そういう普通の意味での臭いではないだろうな。なんというか、鼻からぼんやりと頭に映像が入ってくる感じがするんだ」

社長はそう言いながらまた壁のほうを向いた。

「うーん、こりゃひどい。だいぶ放っとかれちゃった感じだねえ……」

しみじみと言って腕組みしていた社長は、その日はワインを少し飲んだだけで早々に家に帰ってしまった。

そんなこともあったせいか、Ｕの愛人生活は長く続かなかったようだ。

社長との関係が切れた後、ほどなくこの部屋を引き払って郷里の九州に帰ったそうである。

# お面

横浜で専門学校に勤める景子さんは高校生の頃、親戚のおばさんの葬式でおかしなものを見た。

いくつも出ている花環の中にひとつだけ、亡くなったおばさんの顔を模したようなお面が真ん中に取りつけてある花環があったのだ。

お面はわりとよくできているが、頬の赤さを不自然に強調したところが滑稽だし、そもそもそんなお面を花環に付けているのはグロテスクで、故人を侮辱しているようでもある。

景子さんは見ているると腹が立ってきて、近くにいた母親を呼び寄せると「ちょっとあれどう思う?」と花環を指さした。

すると母親も目を丸くして、

「なんなのあれ、ちょっとあれはないわ」

ちょっと××のおじさんか葬儀屋さんを探してくるわ、と言って母はどこかへ行ってしまった。

やがてもどってきた母親が連れていたのは葬儀屋でもおじさんでもなく、知らない小さなやせっぽちの女の子だった。

女の子は花環の前に立つと、するすると猿のように器用に登ってお面を外し、自分でそれを被って下りてきた。

「あ、ありがとうね」

故人の顔を付けた子供に景子さんはお礼を言った。すると女の子は軽くうなずいて、スキップするような軽い足取りで去っていったという。その後ろ姿を見送りながら、

「お母さん今の子供誰なの？」

そう景子さんが訊ねると母親は「えっ」とまるで今我に返ったような声を出した。

「今の女の子、どこの子供なの？」

「女の子？　ええと、なんだっけね。ああよかった、お面は外したのね」

「子供が被ってどこか行っちゃったよ」

「子供？　ああ子供がね」

母親はどうやら自分が連れてきた子供のことをよく覚えていないらしい。

そもそも母親は花環に取り付けられていたのも「アンパンマンのお面」だったと言って譲らず、景子さんが「おばさんの顔のお面だったでしょ」と主張すると、

「馬鹿なこと言うのはやめなさい！　不謹慎でしょ」

そうたしなめられてしまったという。

やせっぽちの女の子はそれっきり葬儀会場に姿を見せることはなく、近所にも該当するような子供はいないようだという話だった。

幼い頃はけっこうかわいがってもらったおばさんだったのだが、今ではあの気味の悪いお面の顔しか思い出せなくなってしまった、と景子さんは語っていた。

# 小屋

Fさんは山道を歩いていたら巨大な墓地に迷い込んでしまった。地図を見てもそれらしい霊園は載っていない。歩き回っているうちに小屋を見つけたので中を覗き込むと、机があり黒電話が置いてある。受話器を取るといきなり繋がって女の声が道を教えてくれた。言われた通りに進むとほどなく地図にある道に出た。

帰宅すると家に客が来ていた。母に「あんたの友達でしょ?」と言われるが知らない女だった。とまどっているFさんに女は一方的に喋り続け、ろくに返事のできない彼に最後に怒ったように「道を教えてあげたのに!」と叫ぶと家を出ていってしまった。

そのとき彼は女の声が墓地で聞いた電話の声だったことにようやく気づいた。

# 今度教える

朋樹さんが高校生の頃よく友達と駄弁っていたファミレスは駅前のビルの三階にあって、窓からは彼の通っていた高校の校舎が見えたという。

ある日学校帰りに友人たちと店でだらだら過ごしていると、一人が窓の外を見て変な声を上げた。

何事かと視線をたどると、少し高台になったところにいつものように見慣れた校舎があるのだが、その屋上に人が立っていて、こちらに向かって手を振っているように見えるのだ。

屋上は普段鍵が掛かっていて立ち入り禁止のはずだ。だがそんなことより、校舎との距離を考えるとあんなにはっきりと手を振る人の姿が見えるのはおかしい。あれでは背丈がゆうに三メートル以上はあるのではないか。

そのことに気づいた朋樹さんたちが騒然としていると、手を振る人影は夕闇に紛れるように薄れてふっと見えなくなった。


急いで学校に引き返した朋樹さんたちは、校舎の最上階まで来てみた。だが屋上へ通じる扉はやはり施錠されていたという。

異常なものを見た興奮さめやらぬ朋樹さんたちが階段付近に溜まっていると、Yという口うるさい男性教師が通りかかって「おまえら何やってるんだ」と声をかけてきた。

そこで朋樹さんがさっきファミレスの窓から見た人影のことを説明すると、Yは意外なことに少し困ったような顔をして、

「ああ、そういうことはあるかもしれないが、あんまり気にするな。今度いろいろ教えてやるから今日は帰れ」

そう言ってすぐにその場からいなくなってしまった。

「教えてやるって何をだろう?」

「あいつなんか知ってるのかな?」

怒鳴りつけられるかと思った教師の意外な反応にとまどい、不思議がった朋樹さんたちだったが、卒業するまで結局Yは何も「いろいろ教えて」はくれなかった。

ただ朋樹さんたちの間では、

「Yは時々屋上に行ってこっそり巨大化してる」

という噂が少しだけ流行ったということである。

# 心中

隣家で心中事件があり娘一人が生き残った。

しばらく空家だったが最近娘がもどってきて住んでいるようだ。

よく笑い声が聞こえるので夫や子供がいるのかと思ったが、ある晩「何度も何度も何度も死んでるんじゃねーよ！」という娘の泣き叫ぶ声に続いてげらげらという笑い声が起こった。

「おまえらまたそうやって死ぬのかよ！」

げらげらげらげらげらげら。

「しつけーんだよ！　もうやめてくれ！」

げらげらげらげらげらげらげら。

そのやり取りは空が白み始めるまで続いたという。

# 借りた本

麻巳子さんがさほど親しくない知人女性に会ったとき、

「絶対面白いしためになるから。正直自分はこれ読んで人生変わったと思ってるくらいなの」

そう言われて半ば押しつけられるようにして借りた本があった。

タイトルからして全く読む気にならないタイプの本だったが、返すときに何か感想を言わなければならないだろうし、気が進まないながらページをパラパラめくってみたところ、想像以上に空疎で中身のない言葉が連ねられているのが字面からでも丸わかりで、たちまちうんざりしてしまった。

しかもどうやらその本はひどい乱丁があるようで、ざっと見ただけでもページ数がかなり前後しており、文章がまるで繋がっていないようだ。あの人はどうやってこんな本を読んだのだろう？　麻巳子さんは知人の目をキラキラさせた顔を思い浮かべた。彼女は本当にこの本を読んだのだろうか？　そんなことを考えていると急になぜか背筋が寒くなり、あわててページを閉じてしまった。

半年ほど経った頃だろうか。麻巳子さんは仕事関係で顔を出した会合で思いがけずその知人と顔を合わせた。

麻巳子さんは借りた本のことをその人の顔を見たとたんに思い出したが、結局あれから一ページもまともに読んでいなかった。なので挨拶して軽く会話を交わしている間もそのことに触れないようにしていたのだが、

「そういえばどうでしたかあの本。すごくよかったでしょう？」

ふと思い出したように明るい顔になってその人がそう言い出したので、麻巳子さんは内心焦りながらも適当に話を合わせて相槌を打ったという。すると知人はとてもうれしそうに顔をほころばせ、

「きっと気に入ってもらえると思ったんですよ、あの本は差し上げますからぜひ何度も読み返してくださいね。本当に一生物の出会いだと思いますから」

そう言って大きく何度もうなずきながらどこかへ行ってしまった。

なんとももやもやした気分で帰宅した麻巳子さんは、本棚に入れっぱなしになっていたその本を取り出してみた。

すると、外国の海辺で撮影されたらしい表紙の写真はそのままだが、その上に大きく被さるようにデザインされていたはずの書名が消えていた。

著者名もどこにも見当たらない。

どういうことなのこれ？　と焦りつつページを開くと、中には文字がひとつも印刷されていなかったという。

すべてのページが白紙である。

そう思ったが、ぱらぱらとめくっていくと最後のページに一行だけ文字があった。

〈イタガキケイコは気がくるっている。〉

「イタガキケイコ」というのは本をくれた知人の名前である。

麻巳子さんはわけのわからない、体の芯から込み上げてくる不安を感じてすぐにこの本を捨ててしまった。

わざと避けているわけではないのだが、知人とはあれから一度も会っていないという。

# 地下鉄で

令奈さんが地下鉄に乗っていたら近くの席のサラリーマン風の男が急に立ち上がって、

「どうぞ」

と席を譲るようなしぐさをした。

だが彼の前には誰もいない。男はそのまましばらく無言で立っていたが、何事もなかったようにふたたび座った。

「譲ろうと思ったら消えた。譲ろうと思ったら消えた。譲ろうと思ったら消えた。譲ろうと思ったら消えた。譲ろうと思ったら」

男が口の中でそうぶつぶつひとりごちているのが聞こえてくる。

令奈さんは間に他の客を二人挟んでいたが、それでも男がちょっとやばい人かなと思うと怖くて、別の車両へ移ろうかなと思ったという。

すると男がまた立ち上がった。

見れば男の前に腰の曲がったお婆さんが立っていた。和装で昔の映画に出てくるようなお婆さんだ。

今度こそ席を譲るのだなと思って見ていたら、お婆さんは席に座ろうとせず微動だにせず立ち続けている。

揺れる電車で吊革にもポールにも掴まらず、よくあんなお年寄りが立っていられるなあ。令奈さんはそう思ったが、よく見るとお婆さんは立っているのではなく床から十センチくらい浮いていたという。

そのままずーっと横に移動してきて、お婆さんは令奈さんの前で止まった。

「譲ろうと思ったら逃げた。譲ろうと思ったら逃げた。譲ろうと思ったら逃げた。譲ろうと思ったら逃げた。譲ろうと思ったら」

ふたたび男の独り言が聞こえてきた。

お婆さんの着物からはむこう側の客や窓が透けて見えている。

令奈さんはあわてて立ち上がって隣の車両に逃げたという。

# 誕生日の電話

美歩さんは二十八歳の誕生日の晩に、知らない番号からの電話に出た。友人たちに祝ってもらったささやかなパーティーの帰りに、乗換駅の通路を歩いていたときに携帯が鳴ったのである。

いつもなら知らない番号は無視するのだが、ほろ酔いだったこともあってろくに確認しなかったようだ。通話状態になっても相手は無言のままで、美歩さんが何度声をかけても反応がなかった。

いたずら電話か、と思って切ろうとしたとき妙なものが視界に入った。

足を止めて顔を向けると、連絡通路の壁の手の届かないような高さのところに、黒い二つ折りのいわゆるガラケーが開いた状態で貼りついていたのだ。

当時はまだガラケーを使う人も多かったが、それにしてもデザイン的にかなり古めの機種に見えたという。

あんなところにどうして、どうやって貼りつけたんだろう？　何かの広告かアート作品的なものだろうか？

そう考えながら不思議な気分で美歩さんが見上げていると、そのガラケーが壁をすーっと動いて彼女の顔の高さまで下りてきた。

途端に美歩さんは急に怖くなって早足で歩き始めた。

だが視界の隅にずっとそのガラケーが見えているので、通路の壁づたいに彼女についてきているのがわかる。

壁にはポスターも貼ってあるし様々な障害物があったのにその黒いガラケーはすべて無視して彼女と同じ速さで移動していた。

そのとき通話状態のまま忘れていた自分の携帯から何か聞こえているのに気づいて、美歩さんは歩きながら耳に当てた。

『モットマジメニ逃ゲナキャダメデショー、ウメラレチャッタヨー、マックラダヨー』

片言の日本語で、ふざけて笑いをこらえているような男の声だったという。

ぞっとして美歩さんは通話を切ったが、その瞬間視界から黒いガラケーが消えた気がした。

そのまま振り返らずに早足で乗り換えホームにたどり着くと、ちょうど停まっていた電車に発車ぎりぎりで飛び乗った。

電車に揺られている間も携帯電話は何度もバッグの中で震えていることがわかったが、美歩さんはひたすら無視し続けた。

すると日付が変わったら電話はぴたりと止んだそうである。

# あんただね

慶子さんが出張先の乗換駅で通路を歩いていたら前を歩いていたお婆さんが突然倒れた。あわてて駆け寄るとお婆さんは白目を剥いて「あんたがそうなんだねえ、そうなんだねえわかってるよう」そう譫言《うわごと》のようにつぶやいていたが、やがて駅員や救急隊員が到着してお婆さんは担架で運ばれていった。

出張から帰ると慶子さんのバッグの底から入れた覚えのない古ぼけた女の子の人形が出てきた。気味が悪いのですぐに捨てたら、その晩夢に駅で昏倒したお婆さんが現れて「なんだ、あんたじゃなかったのかい」と言ってすごい表情で睨まれたので、思わず慶子さんが飛び起きたら窓から等身大の女の子の人形が部屋を覗いていた。

巨大人形は笑うように体を上下に揺すりながら暗闇に消えていったという。

# ひとしのへや

Kさんがルームサービスを頼んだらチャイムが鳴ったので、早いなと思いながらドアを開けたら知らないトレーナー姿の女が立っていた。

女は「ひとしのへやなのよ」と訳の分からないことを言いながら勝手に入ってきて浴室に閉じこもってしまったが、ドアを開けると誰もいない。

呆然としていると今度は本当にルームサービスが届いた。

呆けたようにセッティングを眺め乞われるまま伝票にサインしたKさんが係員が出ていくのを見ていたら帰り際に振り返った係員が白目を剥いて「ひとしのへや」と言った。

「タイのホテルだったたんですよね。だからさすがに〈ひとしのへや〉ってことはないと思うんだけど」

まあ、そういう問題じゃないでしょうけどねとKさんは付け加えた。

# 布団

Oさんが酒場で知りあった老人から「若い頃の話なんだけどな」とこんな話を聞かされた。

その老人は詳細は言わなかったが昔何か犯罪で実刑をくらったことがあり、服役中に妻と離婚が成立して出所後も子供とずっと会えずにいた。

子供は娘が二人で、かわいい盛りに別れたので彼は元は全部自分が悪いこととはいえ、会わせてくれない元妻を逆恨みするようになったらしい。

親戚や共通の友人などに元妻の居場所を訊ねたが、みんな知らないとトボケたり、話をはぐらかしてくる。こいつらみんなグルになって隠してやがる、とますます腹を立てた彼は意地でも見つけてやろうと決意を新たにした。そしてある筋から得た情報で彼は東北の某県に向かった。温泉旅館で元妻らしい女性が住み込みの仲居をしているという話を聞きつけたので、彼は偽名でその旅館に予約を入れたのだ。

訪れた宿は崖にもたれるように建っていた。玄関を入ろうとすると、何か用事に出かけようとしている仲居とちょうど顔を合わせた。そのとき彼は思わず声が出てしまった。仲居の顔が別れた妻とそっくりだったのである。

だがあきらかに本人ではなかった。なぜなら彼の元妻はとても小柄な女性だったのに対し、目の前の仲居は女性としてはかなり大柄で一七〇センチ以上はゆうにあった。ただ顔だけが瓜二つで他人とは思えなかったのだが、元妻に姉や妹がいるという話は聞いたことがなかった。

とにかくこれはそっくりな仲居と元妻を見間違えただけのガセだったな、と彼は思ったものの、せっかくだからとそのまま宿に泊まっていくことにしたという。

小さくて不潔な感じの露天風呂を早々に出て網戸の風で涼んでいると、部屋に食事が運ばれてきた。

運んできたのはさっきの背の高い仲居だ。見れば見るほど元妻にそっくりな顔なので

思わず凝視してしまう。すると仲居はこちらに視線も向けずにぽつりと、

「誰か似た人をお捜しでしたか？」

そう言ったので驚いて「どうしてわかったのか」と詰め寄ると、

「なぜかあたしに似た人を知っている方が、よくお泊りになるんですよ。お客さんみたいに不躾にじっとこっちをご覧になってるからすぐにわかるんです」

でもお捜しの方はこんな大女ではないんでしょう？

そう言って片頬だけで含み笑いをすると、女は意味ありげな視線をちらっと送ってきた。

仲居が部屋を出ていった後も、その視線が部屋に残っているような気がして食事の間もずっと気が落ち着かないままだった。

食事の後片付けに来たのは別の仲居だったので彼はなぜかひどくがっかりして、用もないのに廊下をうろついたりしたがそれきりその晩はあの女に会うことはなかった。

布団に入って暗い天井を見つめていると、何年も会っていない娘たちの姿がぼんやりと思い浮かぶ。これほど血眼になって捜し回っているのに、記憶にあるのはもう何年も

前の娘らの姿で、それももうだいぶ薄れて曖昧になってきている。実際の彼女たちはどれくらい成長したのだろう？　父親のことなど忘れてしまっているのではないか？

　そんなことを考えていると焦りと苛立ちが募り、目が冴えてしまった。まだ風呂には入れるのだろうか？　彼は布団を出るとしんと静まり返った廊下を通って風呂へ行ってみた。脱衣所は薄暗かったが灯りは完全に落とされてはおらず、鍵もかかっていないようだ。露天風呂のほうへ歩いていくと、月明かりに照らされて湯に大きな岩の影が落ちている。その中に身を沈めるように湯につかり、周囲を見ると何となくさっき来た風呂とは別な場所のような気がする。岩がどれも異様に高いし、複雑に入り組んで迷路のように湯が奥に続いている。彼は手探りで先に進んでみた。すると死角からふっと人影が月明かりの下に現れた。

　それはあの背の高い仲居だった。女の裸は月光に照らされて生気のない白さがほとんど死体を思わせた。にもかかわらず彼は強く劣情をそそられてしまい、そのことにとまどってわざと不機嫌な声でこう言った。

「ここは男湯じゃないのか」

　すると女はさっき部屋で見せたのと同じ笑い方をした。

「人を捜すのに男湯も女湯もないでしょうに」

「どういう意味だ」

「お子さんなんてどうでもいいんでしょう」

「何だと」

「あの子たちのことはただの口実でしょ」

急に鼻にかかった甘えたような声になって女がしなだれかかってきた。


はっとして跳び起きた彼は自分が布団の中にいることに気がついた。

夢だったのか、とほっとしたような落胆したような気分で寝返りを打つと、布団のそちら側が妙に膨らんでいるのに気づいた。まるで少し前までそこにいた誰かが、掛布団がくずれないほど静かに寝床を出ていったかのように。

翌朝もあの仲居の姿を見なかったので、宿の人に「ゆうべ飯を運んできた仲居さんは今日は休みかね」と訊ねると、

「はあ、そこにおりますよ」

と指さされたのは昨夜もいたもう一人の仲居のほうだった。宿の人は、彼の部屋の世

話をしたのはその浅黒い子供のような女だけだと言った。

　出鱈目を言うなと声を荒げそうになった彼の心にふと、夜中の露天風呂で出会った異様に白い肌がよみがえった。するとなぜか水を浴びたような嫌な寒気をおぼえた彼は、部屋に帰り荷物を纏めると早々に宿を発ったのである。

　旅から帰ると、子供たちに会うことへのあれほどの執念がすべて灰になったかのように消え失せていることに気づいた。

　それから彼は、時おり瞼に浮かぶあの晩の白い肌をわずかに灯火のようにして、その後の人生を生きてきたのだという。

「もしかしたらあれは、もともと死んでいる女だったのかもしれんな」

　老人はため息とともにつぶやくと、後は何を訊ねても無言のままだったそうだ。

# 密告

会社員の瞬さんが二十代の頃のことだという。

店で一人で飲んでいたとき、すぐ隣の席にいる二人組の会話が耳に入ってきた。サラリーマンっぽい三十過ぎの男たちだったが、かなり酔いの回った彼らは一人がもう一人の浮気の話を聞き出していた。

どうやら浮気相手は近くにある女子大の学生で、自分は独身だと偽ってその子とつきあっているらしい。しまいにその女子大生の住んでいるアパートの詳しい場所や部屋番号まで話題にのぼっていた。瞬さんは忘れないように思わずメモを取ってしまった。見ず知らずの人たちの話ではあるが、妙に腹が立ったので相手の女性にぜひとも真実を伝えなければと思ったそうだ。

腹が立ったのは義憤のせいばかりではなく、嫉妬もあることは自覚していた。とにかく店を出ると瞬さんはその足で女子大生が住んでいるというアパートを探すことにした。

深夜の住宅街を進むと、彼も一度入ったことのあるチェーンの焼肉屋が見えてくる。アパートはその焼肉屋の真裏と聞いていたが、該当する建物は一つしかなかった。

メモで部屋番号を確かめると、瞬さんはさてどうしたものかと考えた。いくら酔っていても知らない人の玄関をいきなり訪ねるほど非常識ではない。

ここはやはり手紙で丁寧に伝えるべきだろう。そう考えた瞬さんは集合ポストから飛び出していたダイレクトメールを抜き取ると、宛名に印刷されていた女性のフルネームをメモして封筒をポストにもどした。

そして建物に表示されているアパート名や住所もメモに控えると、すみやかにその場を後にしたという。


途中コンビニで切手とレターセットを購入して帰宅した瞬さんは、さっそく手紙を書き始めた。

本当は眠くてたまらなかったが、「こんなことシラフにもどったら馬鹿らしくなって絶対にやらない」と酔っ払いなりに考えたのである。

とにかく腹の中の憤りが消える前に、あの嘘つき浮気野郎の悪事を暴露してやらねばならない。そう思ってペンを走らせた。

とはいえ、持っている情報はわずかなものだ。

あなたのつきあっている男は独身だと嘘をついているが、本当は妻帯者だ。

これだけである。他には特に書くことがない。

まあこういうものはシンプルなほうがいいのかもしれない。余計なことを書くと場合によっては脅迫だとか、何かこっちが罪に問われるようなことにもなりかねない。

そう思って瞬さんはシンプルに事実のみを書いて封をし、ふたたび外に出た。

今夜中に投函しないと、明日の朝シラフの頭で封筒を見たらゴミ箱に投げ込んでしまうだろう。

そう思って夜道を歩いたが、ポストがどこにあったか思い出せなかった。

普段郵便物など出さないから、近所のポストが目に入っていないのだ。

郵便局に行けば当然あるだろうが、かなり遠い。とにかくさっさと投函して、部屋に帰って寝たかったのだという。

だが下手にうろうろしたせいでかえって時間が経ってしまって、気がついたらさっきのアパートの前にもどってきていた。

消印のない封筒が郵便受けに届いていたらかなり怪しく思われるだろう。

だがこの手紙じたいがそもそも怪しいのだから、そんなことは気にする必要はないのではないか。

そう思って瞬さんは集合ポストの前に立った。

そして封筒にも記した部屋番号のところに投函しようとして、ふと手が止まった。

郵便受けに違う名字が書かれていたのである。

建物を間違えたかと思って周囲を見たが、他に同じようなアパートは見当たらなかった。

あらためて郵便受けと封筒を見比べてみて、瞬さんは声を上げた。

封筒には書いた覚えのない男性のフルネームが書かれていた。

そして郵便受けにあるのは、その男性名と同じ名字なのである。

どういうことなんだ、これは。

頭に?《はてな》マークを浮かべながら瞬さんはしばらくその場に立ち尽くした。

酔いはもうだいぶ醒めている。さっきはかなり酩酊した状態で行動していたから、何かボタンの掛け違いがあったに違いない。
とにかくこの封筒はもう投函するわけにいかないな。
そう思って上着のポケットに入れると、瞬さんはまっすぐ帰宅した。
封筒はすぐ部屋のゴミ箱に放り込もうとしたが、なんとなく気になって開封してみた。
すると便箋に綴られていたのは、まったく書いた記憶のない言葉だったそうだ。

ここにいたらころされちゃうよにげてにげて
ころされるころされるころされる
にげてにげてにげてにげてにげてさされる

かなりよれよれの字ではあるがたしかに自分の筆跡で、現在のというよりも「小学校の卒業文集に書いた字と似てる」と思ったそうだ。しかも内容はまるで意味不明だ。
単に酔っ払っていたからでは済まない自分の心の暗闇を覗いた気がして、瞬さんは気味が悪くなってしまった。

それから一週間後に近所で殺人事件が起きたのである。

場所があの晩手紙を届けようとしたアパートだと知って衝撃を受け、瞬さんは同時にすごく嫌な予感がした。

ネットでニュースをチェックすると果たして予感は的中していた。

瞬さんが無意識に封筒に書いていた名前の男性が事件の被害者だったのだ。

金銭トラブルのあった知人にアパートの前で待ち伏せされ刃物で刺されたという事件だったらしい。

「だからあの晩私が封筒を郵便受けに入れていれば、その男性への警告になってたわけですよね。それで事件が未然に防げた可能性はほとんどないでしょうけど、私はそのわずかな可能性さえ結果的にぎりぎり直前に捨てたわけで、なんかすごく後味が悪かったです」

あの晩酒場で隣の席にいた男たちに関しては、その話題にされていた浮気相手の女子大生ともども、今では実在していた気がしないという。

# 洋服

とても風が強かった。

小宮くんと彼女はドライブの途中でその場所を訪れたという。眺めのいい場所を探して走っていると、〈展望台〉の文字と矢印の書かれた看板がタイミングよく現れたのだ。

来てみると、たしかに景色は開けていたが、あまり面白味はなかった。車内から見ていた風景と大して違いがなかったからだ。

ただ、風がひたすら強かった。強い風に吹かれるというのはなんとなくイベント感がある。

実際、横で彼女も髪やジャケットの裾を押さえてキャーキャー言いながら、どこかうれしそうだ。

「××ビルが見えると思ったんだけどねー」

彼女は最近完成した地元の駅前のビル名を口にした。市内で一番高いビルが近所に建ったので、小宮くんも彼女も誇らしいような気分だった。今日は××ビルを山の上から眺める、というのがドライブの目的のひとつだったのだ。

「方角はあってるのかな」

帽子を飛ばされないよう押さえつつ、小宮くんが言う。

「たぶん。手前の山が邪魔なんじゃない？」

言いながら彼女が指さしたとき、その山のほうから何かがふわっと浮き上がるのが見えた。

「えっ何あれ」

「こっち飛んでくる」

「鳥なの？」

「ビニール袋かな」

「違うよ、洋服だ！」

強風に乗ってあっという間に小宮くんたちの目の前に来たそれは、勢いよく展望台の柵にぶつかって引っかかると、パタパタとはためいた。

「これってもしかして」

彼女が柵に近づいてその水色の袖に手を触れる。

「去年あたしがゴミに出したワンピースじゃない？」

「まさか。たまたま同じのってだけでしょ」

「ううん、これあたしが着てたやつだ。ほらここに大きい染みがあるでしょ？　落ちないから捨てたんだもん」

「ほんとに⁉　何その偶然」

「ありえないよこんなの」

二人はしばらく無言でその風にはためくワンピースを見つめた。

「あっ」

突然彼女が後ずさって、小宮くんの体にぶつかった。

「この服あたしのことすごく嫌ってる」

そう彼女が言い終わらぬうちに、水色のワンピースはふわっと浮き上がった。

そして強風に逆らい、逆回転の映像のようにふたたび飛んできた方向に向かって飛び去ると、たちまち山の緑の中に紛れてしまったという。

# 離れ

多実子さんの祖父母の家の離れは何十年も使われていないが、取り壊されもせず残してあるのは、そこに祖父の叔父の幽霊が出ると言われていたからだった。

たとえ幽霊でも住んでいるなら勝手に壊すわけにいかない、と祖父は嘯いていたが、離れの掃除と毎日花を供えることは祖母に任せっきりで、祖母はそのことをよく陰で愚痴っているという。

「あんな気味の悪い場所、本当なら毎日行きたくないよ」

祖母は持ち帰った萎れた菊を屑籠に捨てながらそうつぶやいた。

「幽霊だって、じいさんは自分じゃ一度も見たことがないんだよ。あたしゃ何度も見てるけどね、それは本当に恐ろしいものだよ。あんな姿になってまでこの世に縛り付けられてるなんて、いったいどんな罰かと寒々しく思うほどだよ」

「叔父さんってどんな亡くなり方をした人なの？」

多実子さんはふと気になってそう訊ねてみた。

「叔父さん？　ああじいさんはそう言ってるけどね、叔父さんの幽霊だって。ここだけの話、それは大いに怪しいもんだとあたしは思ってるよ。叔父さんはべつに普通の人で、旅行先で倒れて若くして亡くなったんだよ。離れにはよく泊まったらしいけれど、それはべつに叔父さんだけじゃないからね、じいさんが家をここまで傾けちまう前は、ずぶんいろんなお客さんがあって離れにも誰かしらいつも泊めていたらしい。あたしが嫁いでくる前の話だけどね」

離れで亡くなった人も何人かいると聞いている、と祖母は声をひそめた。

「だからそういう人の幽霊かもしれないのに、叔父さんだって言い張るのはじいさんがそう信じたいからだろうよ。叔父さんにはずいぶん可愛がってもらったようだからね。そのくせ自分じゃ離れに足を踏み入れようとしないんだ、たまには世話になった〈叔父さん〉に挨拶に行ったって罰は当たらないだろうに」

まあ、本当は何だかわからないものが棲みついてると知ってて、じいさんも内心恐ろしいのさ、絶対に自分の憶病を認めようとはしないけどね。

祖母はそう吐き捨てるように言ったそうだ。

多実子さんは幽霊がどんなふうに「恐ろしい」のか祖母に何度も訊ねたが、「話すと思い出して怖くなるから」と言って祖母は語りたがらなかった。

なおも食い下がる孫に対してやっとのこと「顔にあるべきものがひとつもない」こと、しかしながら「のっぺらぼうではない」という、その二点だけを教えてくれたという。

# 乗りなよ

高校生の頃、倫代さんがコンビニ前でアイスを食べていると目の前に車が止まった。見れば助手席に友達が乗っていて「倫代も乗りなよ」と言う。後部座席には知らない女の子、ハンドルを握っているのは知らないお婆さんだった。

「倫代も乗りなってば」友達がまた言った。乗れと言われる意味がわからず戸惑っていると、友達は急に倫代さんを無視するように前を向き、車はすーっと動き出してすぐに交差点を曲がって見えなくなった。

翌日その友達に「昨日はなんだったの」と訊くと何のことかわからないという顔をしている。

倫代さんが昨日の出来事をくわしく話したら「そんな車は知らないし、倫代さんにも会っていない」と言って、友達はしまいには「こわいよー」と泣き出した。

「泣いてる顔見て気づいたんですけど、その子目尻にすごく目立つホクロがあるんですよね。なのに前の日に会ったその子はホクロがなかったんですよね」

とは倫代さんの弁。

# 積まれる

千草くんの部屋のベランダには時々〈積み石〉がされていることがある。

二十センチほどの高さで、下から上へ少しずつ小さな石をバランスを取って積んである。

深夜に帰宅して、施錠された窓の外にそんなものを見つけるのはかなり気味が悪いことだった。

マンションの七階だから、外部から侵入者がいるとは考えづらい。

隣室の人間を疑ったが、どちらも普通のサラリーマン風の平凡な男で怪しいところはない。間仕切りをよけて手すりの外にぶら下がるような危険を冒して、こんな意味のないことをするとは想像しにくかった。

千草くんはそれらの石を出勤時にビニールに詰めて地上に下りて、駅までの途中の公園に捨てていた。

カラスのしわざではないか、と人から言われたことがあるという。

「でもカラスに石を積まれるなんて、かなり厭でしょう？　何かの標的にされてる感じがするじゃないですか。頭のおかしい人間に侵入されてたほうがましですよ」

だからカラス説は採用しません、と千草くんは語った。


千草くんの妹が最近結婚して、お腹に赤ちゃんがいる。

女の子だということがわかっていて、名前を今考えているらしかった。

「その、現在時点での名前候補っていうのをこないだずらっと見せてもらったんですけどね」

候補のほとんどの名前に石偏のある漢字が使われていた。

「砂とか、研とかです。何でって訊いたら特に本人たちは意識してなかったみたいで、単に字面とか響きで決めたらそうなったらしいんですよ」

かえってそのことが不気味に感じられた千草くんは石偏の字の使用を「よくないと思う」とかなり強く伝えておいた。

「石は骨に通じるから縁起が悪いとか、でたらめなことならべて『使わない方がいいよね』って言ったんです。妹は少しむっとしてましたけどね。まあ考えすぎだとは思うけど、こういうのっていろいろ重なると何だか無視できなくなって連動してるとかありえない話なんだけど、一旦そう思えてきちゃうと、ちょっと見過ごせないっていうか……」

「でもひとつ明るいニュースがあるんです」と千草くんは付け加えた。

先週の木曜日に見つけた最新の石積みは、部屋の冷蔵庫のドアポケットの中にあった。

これでカラスが犯人っていう可能性は消えたと思っていいんじゃないですかね、と顔をほころばせた。

引越しは考えてないんですかと訊ねると、

「えっ、でもカラスの可能性が完全に消えたわけですよ？　もはや引っ越す意味なんてなくないですか？」

千草くんはさも心外だというように口を尖らせた。

そういう問題ではないような気がするが、千草くんにとってはそういう問題のようだ。

# 男

道路にチョークで落書きをしていたら、描いた覚えのない人の顔が描かれていた。目の吊り上がった、頬のこけた男の顔。みつえさんは立ち上がって周りを見たけれど、他に落書きをしている子供はいない。しゃがみ込んでふたたび落書きを続けていたら、また吊り目の男の顔を見つけた。はっとして周りを見ると、みつえさんのいる場所だけを残して無数の男の顔に囲まれていた。

それから十五年後の大学時代、みつえさんの所属サークルに落書きの男の顔にそっくりの新入生が入ってきた。その男子学生に執拗にストーカー行為をされるようになってみつえさんはサークルを辞めたが、それでもつきまといが止まずいろいろあって大学を辞めて今ではみつえさんは郷里の実家で家事手伝いをしている。

落書きをした道路がどこだったかはどうしても思い出せないという。

# 紫煙の中で

麻理さんが職場の喫煙所で煙草をふかしていると、見知らぬ男性がやってきて煙草を吸い始めた。

出入りの業者の人だろうか、と思いながら会釈をし、暑いですねえとか蝉うるさいですよねえなどと言葉を交わした。

男性はほとんど鸚鵡《おうむ》返しに麻理さんの言葉をなぞるだけで、自分からは何も喋らずひたすら煙を吐いている。

そこに違う部署の社員がやってきたので、麻理さんが挨拶すると目の前の男性はびっくりしたように麻理さんの顔を見た。

そして口をOの字に開けたまま肌の色が薄れ、そのままあたりにたちこめる煙に混じって消えてしまった。

今来た社員は消えた男を見ていないらしく、くわえ煙草で「ほんと暑いよねえ」とつぶやいている。

「私のこと、まさか生きてる人間だと思わなかったんじゃないですかね」

同類だと思ったんじゃないですか、と麻理さんは苦笑した。

# 財布

京野さんは公園で清掃のバイトをしている途中なにげなくベンチに横たわったところ、疲れていたのかうっかり眠ってしまった。

するとホームレスの男がベンチに近づいてきて耳元で「あんたの財布、もらっていくよ」そう言って京野さんのポケットに手を入れた。はっとして目ざめた彼がポケットを確かめると、財布はちゃんと入っているし周囲にホームレスの姿もなかった。

夢だったかと安堵して仕事を再開すると、まもなく雨が降り出した。

参ったなと思いながら仕事を続けていたら、いつのまにか傍らにホームレスの男が立っていた。「やっぱり返すよ」と言って差し出されたものを見ると、京野さんの財布である。驚いてポケットの中を調べると、やはり自分の財布はそこに入っている。とまどって顔を上げたら男の姿はなく、財布が雨に濡れながら地面に落ちていた。

どちらの財布にも小銭まで含めて同じ金額が入っていただけでなく、レンタル屋のカードやドラッグストアのポイントカードに至るまで、中身がすべて同じだったという。どうすればいいかわからず、ひとまず二つを作業ズボンの左右それぞれのポケットに入れて仕事を続け、休憩時間になってポケットを確かめると財布は一つしか入っていなかった。

ホームレスが置いていったほうの財布を入れたポケットには、熊の絵の描かれた錆びた缶バッヂが一個入っていたそうである。

# 鏡餅

何年か前の大晦日に淳志さんは友達の家に行った。

他にも仲間が全部で七、八人集まっていて、みんなで紅白歌合戦を見ながら鍋を囲み、酒を飲んで年を越そうという集まりだった。

だが淳志さんは早くから飛ばしすぎて悪酔いし気持ち悪くなり、部屋の隅で休んでいるうちに眠ってしまったという。

「おい、初詣行くけどおまえどうする?」

そう揺り起こされたときはもう紅白も終わり、外からは除夜の鐘が聞こえている時間だった。

「ああ、ちょっとまだ無理みたい。寝てるわ」

「わかった。もし後で合流できそうだったら連絡して」

「うん了解」

そんな会話を交わして、ばたばたと人が出ていく気配がした後部屋は静まり返った。

淳志さんはふたたびまどろみ始めた。

と、玄関のドアが開閉する音が聞こえた。

もう帰ってきたのかな？　いや違うな、忘れ物を取りにきたんだろう。そう思ってなんとなく耳を澄ませていたがいっこうに人が入ってくる気配がない。

その家は一軒家だったが淳志さんの寝ている部屋と玄関はすぐ傍で、トイレに行くにせよ廊下で部屋の横を通り過ぎるはずだった。

だが足音がまったくしないので気になった淳志さんは、四つん這いに歩いて戸口まで行き廊下を覗いてみた。

すると玄関マットの上に鏡餅が置いてあった。

スーパーで売っているようなパック入りのものだが、簡易な三方に載せられ餅の上には蜜柑もある。

どこかで買って届けに来て、すぐにまた出かけたのだろうか。それにしては一番近いコンビニに往復する時間さえなかった気がしたが、淳志さんはまた眠気に襲われたので餅はそのままにして部屋にもどって寝てしまった。

目が覚めると明け方になっていて、初詣に行った友人たちがみんな帰ってきていた。

そこで淳志さんが、

「あの鏡餅ってどこで買ったの?」

と訊ねるとみんなぽかんとして「何のことだ?」という反応だったという。

「さっき玄関に置いてっただろ」

「何訳わかんないこと言ってんだよ、夢の話か?」

「そっちこそ訳わかんないこと言ってんなよ」

淳志さんは起き上がって玄関を見たが、マットの上には何もなかった。

「嘘だろ、どっかに隠したのか」

「おい、寝ぼけたこと言ってないで自分の顔を鏡で見てみろよ」

そう言われた淳志さんが壁のほうをふり向くと、そこに掛かっていた鏡に鏡餅が映っていた。

よく見るとその鏡餅は淳志さんが着ているのと同じ雪柄のセーターを着て、あわてたように両手で自分の頭、というか鏡餅をさぐっている。

淳志さんの手には真空パックの鏡餅の感触があった。

頭の上の蜜柑が指に触れて床に転がった。

淳志さんはくぐもったような悲鳴を上げた。


そこで淳志さんは、自分の声で目を覚ましたそうだ。

部屋は静かで、家にはまだ誰も帰ってきていないようだった。

恐る恐る様子を見にいくと、玄関マットの上には何も見当たらなかった。

これはおそらく、鏡餅が届いたところから夢だったんだな。

ほっとして淳志さんは初詣組と合流しようと思い、連絡を入れ待ち合わせ場所を決めるとコートを着込んでマフラーを巻いた。

そして玄関に向かおうとすると、マットの上に生首があってこちらをじっと見つめていた。

それは淳志さん自身の首だったそうだ。

生首の口が動いてが何か言ったことまでは記憶にあるという。

いつまでも現れないし電話にも出ない淳志さんを心配して友人たちがもどってくると、淳志さんは玄関マットの上で気絶していた。

手にはどこから持ってきたのか、この家になかったはずの蜜柑が一個握られていたそうである。

# ガソリンスタンド

康隆さんは一時期、ネットで見つけた心霊写真の画像を大量にパソコンに保存していたことがある。

中でもお気に入りの一枚だったのは、外国のガソリンスタンドで給油機を挟むように黒人男性二人がポーズを取っている写真だった。

その給油機がまるでテレビになったように、表面に死人のように目を閉じた白い顔が映り込んでいた。

それが〈本物〉なのか加工によってつくられたものか、康隆さんには技術的な判断はできなかったが、全体に作為の感じられない素朴な生々しさのようなものがあったという。

康隆さんは個人サイトのトップページにそのお気に入りの画像を貼っていたことがある。

サイトじたいは心霊写真とはほとんど関係なく、日記と親しい仲間だけが書きこむ掲示板がある程度のものだったが、ある日サイトに公開しているアドレス宛に英語のメールが届いた。

康隆さんの英語力では読解は覚束なかったが、どうやらサイトのトップに貼ってある画像について何か言っているものらしい。

何かクレームのようなものではと心配になった彼は、高校の英語教師をしている従兄にメールを読んでもらったという。

すると、

「これはね、『私はこのガソリンスタンドで働いたことがある』って書いてあるんだよ。たぶんこの写真が撮られたときも現場に居合わせたし、もしかしたら頼まれてシャッターを押したかもしれないって。こんなものが写っているとは驚きました、あのガソリンスタンドは今はもうありません、たぶん何か大いなる呪いの一部がここに記録されたのでしょう。だってさ、あとよくわからない引用みたいなのがあるな。外国語か、それともおまじないみたいなもんかな？」

従兄は興味深そうにメールを何度も読み返した。

「でもすごい偶然だよな、日本語しか使ってないページなんでしょ？　どうやってたどり着いたのかね。まあここに書いてあることが事実だって保証は何もないけどね」

康隆さんもそれはそうだと思ったが、なんとなくうれしかったので従兄に訳してもらって返事を出すことにした。

内容は、あまりの偶然に驚いているということと、画像は心霊写真を集めているサイトで見つけたものだが、元のサイトはすでに閉鎖されているようだ。だからネットに出回った経緯はわからないが、もしよろしければあのガソリンスタンドについて、ああいう写真が撮れたことに何か心当たりがあれば教えてほしい、といったものだった。

だがそのメールに返事が来ることはなかったそうだ。


それから七、八年経って康隆さんは会社の出張で行った先の町で、例の写真とそっくりなガソリンスタンドを見つけた。

だが出張先はアメリカやその他の外国ではなく、信州の片田舎である。

当時康隆さんはもう個人サイトは削除してしまっていたし、パソコンが壊れてデータが飛んでしまったのであのガソリンスタンドの写真は手元に残っていなかった。けれど記憶の中にある給油機の色や形、傷み具合までそっくりなガソリンスタンドを、走るタクシーの窓からはっきりと目撃したのだ。

「わっ、なんかアメリカのスタンドみたいでしたよね」

経緯の説明は面倒だから省いて、康隆さんは思わずそう運転手に話しかけた。

「ああ、あそこね。もう営業してませんよ」

初老の運転手はうなずきながらそう答えた。

「私がこの仕事始めたときにはもう潰れてたから、十年以上はあのままじゃないですかねえ」

ここで運転手は内緒話をするように声をひそめたという。

「なんでもね、経営者が怪しい宗教にハマって、奥さんを生贄《いけにえ》みたいに神様に差し出したらしいんです。それで教祖様や幹部に嬲《なぶ》り者にされた上で殺されたんだとか」

でもそんなニュース聞いた覚えがないから、まあただの噂なんでしょうねと運転手は笑った。

帰りも康隆さんはタクシーで同じ道を通ったので、見つけたら停めてもらおうとずっと外を見張っていたのになぜかガソリンスタンドが発見できなかった。

行きとは違う運転手にスタンドのことを訊ねてみると、

「さあ？　そんなのあったかなあ」

そう素っ気ない返事がかえってきたそうだ。

もちろん、殺人事件の噂も一度も聞いたことがないという話だった。

# 表札

中学生の頃、登喜男さんの家の近所には自分でお金を作っているホームレスがいた。

どういうことかと言うと、拾ってきた紙や丸い金属などに自分で数字を書いてオリジナルの紙幣や硬貨にしているのだ。

ニセ金を作っているというより、彼はそもそも世の中のお金がそのように作られていると信じていたふしがある。

それらオリジナルな〈お金〉で物を買おうとするのだが、当然突き返される。

たまに優しい人が食べ物を恵んでくれるときも、ホームレスはその〈お金〉を代金として渡そうとした。だが優しい人もやはり遠慮して受け取らなかったので、ホームレスのポケットや持ち歩く紙袋はいつしか彼の作り続ける〈お金〉で溢れそうになっていたという。

それでも捨てるという選択肢は彼にはなかったようだ、あくまで〈お金〉だから。

そのホームレスの男がある日突然町から姿を消してしまった。

ねぐらになっていた市民プールの裏の斜面に、粗末なブルーシートの家が残された。

一年近くそのままだった家が撤去されることになり、ある日大人たちがシートをばらすと中からたくさんの紙袋が見つかった。

だがそれらの中味はいつも持ち歩いていた〈お金〉ではなく、何百枚もの〝表札〟であった。

すわ盗品か、と大人たちは顔をしかめたが、木や石など材質も様々なそれら長方形の板に書かれた名前は、どれも実在するとは思えない妙なものばかりだった。

登喜男さんも見せてもらったそうだが、〈檀那寺焼太郎〉とか〈特急列車飛込男〉とか、または〈手足左右取替子〉というのもあったらしい。とにかく全部がその調子で、使い物にならない変な表札をわざわざ金を掛けて作ったような代物だ。

そして片付けられたゴミの中に、あんなにあった〈お金〉は一枚も見当たらなかったそうだ。

登喜男さんは友人たちと、ホームレスがあのオリジナルの大金をはたいて大量の表札を購入したのだと噂した。

どこでも使えないあの〈お金〉でも物が買える店がこの世のどこかにあり、その店ではあんな奇妙な名前の表札ばかりを売っているのだ。

そんな空想にひたっていた彼らは、時々ホームレスのねぐらの跡地を訪れ、人目がないのを確かめてから煙草をふかしつつ、ホームレスの思い出を語った。

「あのおっさん、意外なほどきれい好きだったよな」

「そうそう、公園の水道で毎朝頭洗ってたし」

「あと動物好きだった。野良猫を可愛がったり、カラスを肩に止まらせてるの見たことがある」

ある日いつものようにそんな話をしていると、背後の林に何やらぞろぞろと人影が現れたのだという。

役所の人たちかと思って、登喜男さんたちは慌てて煙草を地面に捨てて踏みつけた。

だがゆっくりと斜面を降りてきた人たちはみな珍妙な姿をしていた。

前後逆に着たスーツや、帯をおかしな位置に何ヵ所も締めた和服、藁と葉っぱを編んだような服などを身につけた人たちが、ホームレスの家のあった場所に集まってきて探し物をするように地面を見ているのだ。

登喜男さんたちはもつれる足で道路まで転がり下りて、そこからそっと様子をうかがった。

というより足が竦んでそれ以上逃げられず、そのまま見守り続けるしかなかったのだ。

異様な風体の人たちはどんどん増えて、おそらく二、三十人にはなっていた。

彼らの顔は落書きのようにみんなひどく単純で、年齢や性別が不明なだけでなく、個々の顔の区別もつかなかったそうだ。

人々はしばらく無言で探し物を続けたのち、あきらめたようにその場を離れ始めた。

そして林をばらばらの方向へ歩いていくと、あんなにいたはずの人たちがいつのまにか木陰に紛れるように消えてしまった。

「後で思ったんですけど、あれはたぶん変てこな名前の表札を受け取りに来た人たちだったんじゃないですかね。ホームレスが誰かに作らせたか、どこかで手に入れたのかわかりませんけど、大量の表札はたぶんあの人たちに渡すためのものだったのかなと。この世のものでない存在たちにも個々の名前があって、時には表札が必要なのかもしれませんね。あのホームレスはそういう存在たちの仲介者だったのかなと思うんです」

そう話してから登喜男さんは「ぼくの想像に過ぎませんけどね」と笑った。

# 鈴

公園に大きな銀杏の木があって、その下で遊んでいたのだという。

遊んでいたと言っても子供の頃の話ではない。剛紀さんも友人のDも大人だったが、飲み会で居酒屋からカラオケに流れる途中でみんなからはぐれたのだ。携帯で連絡を取ろうとしたがなぜか繋がらず、ちょっと休もうと思って近くの公園に足を踏み入れた。

だが肝心のベンチが壊れていたり、夜目にもわかるほど鳩の糞だらけだったりして座れないから地面にしゃがんだ。カラオケ組と連絡がつくまですることもないし、目の前に地面があるからなんとなく〇×ゲームをしたり知り合いの似顔絵を描いて笑ったりしていたという。酔っ払って視野が狭くなっているから妙に集中してしまって、単純なゲームに白熱していると頭上からふいに鈴の音がした。

「今なんかチリンチリンって鳴ったよな」

Dも気づいたようで、立ち上がって銀杏の木を見上げている。

「猫でもいるんじゃないの」

「いや、下のほうに全然枝ないじゃんこの木。猫でも登らないだろ」

そんな会話をしていたら、またチリンチリンと涼しげな音が聞こえた。

するとDが自分の口元を押さえ、ぎょっと目を見開いて銀杏を見上げていたかと思うとたたたたっと公園の出口のほうへ走っていく。

「おい！　待てよ何だよ急に」

後を追う剛紀さんにDは公園の外の道からしきりに急げと手招きしていた。

「銀杏の枝の中から、なんか白い手が出てた」

追いついた剛紀さんにDは掠れた声を絞り出すように言ったという。

剛紀さんは振り返ったが、銀杏の木の上方は暗闇に紛れてしまっている。

「人が登ってたってことか？」

「わかんないけど、手が出て鈴振ってた」

「なんだよそれ、怖いだろ」

「怖いよ！　だから逃げてきたんだよ」

もう一度近づいて確かめてみるかどうか揉めていたとき、剛紀さんは携帯に留守電が入っているのに気づいた。

カラオケ組からで、どうやら向こうもこっちに何度掛けても繋がらないので留守電を残したらしい。

剛紀さんたちはすぐに指示されたカラオケボックスに移動した。

仲間たちが騒いでいる部屋に入ると、鈴の音のこともなんとなくどうでもよくなって一緒に歌って騒いで、いつのまにか始発近い時間になっていたという。


帰り支度をしていたとき部屋にDがいないことに気がついた。

「ああ、なんか途中出ていったからトイレかと思ったけど。そのままもどってないのかな?」

近くにいたサキちゃんに訊くとそういう返事だったので、帰りがけに一応トイレを覗いてみたがいなかった。電車も動いてない時間に出ていってどうしたんだろう? と気になりつつ携帯を見たらDから留守電が入っていた。二時間近く前だ。

聞いてみるといきなり爆音の伴奏とエコーの効いた歌声が耳に飛び込んできた。Dの声だったという。カラオケに来るとDが必ず歌う曲で、いまだに剛紀さんはタイトルを知らないが英語の曲だ。たぶんイギリスのバンドの曲だったと思う。

それを気持ちよさそうに調子っぱずれにがなるDの声が留守電の時間いっぱい流れて切れた。

なんだこりゃ。誤発信か？　と苦笑して聞いていた剛紀さんだったが、留守電の最後に「チリンチリン」という鈴の音が聞こえた気がして腕がぞっと粟立った。もう一度聞き返してみるとやはり最後に鈴が鳴っている。しかも騒々しい伴奏と歌声にもかかわらずはっきり聞こえ、剛紀さんは耳元で鈴を振られているような気分になった。

怖くなった剛紀さんはサキちゃんにもそれを聞いてもらった。

「あ、ほんとだ鈴の音がする」

と彼女が目を丸くしたので「他の人にも聞こえるんだ」と少しほっとしたが、

「でもDくんの歌っていつ始まるの？」

サキちゃんにそう言われて剛紀さんは何のことかわからなかった。

なので自分で留守電を聞き返したところ、再生開始すぐにいきなり「チリンチリン」という鈴の音がした。なぜかカラオケの音はいっさい入っておらず、ただ静まり返った中に時々「チリンチリン」という音が聞こえるだけだったという。

もう何度再生し直してもあの騒々しい歌声が聞こえることはなかった。

結局Dはカラオケボックスを抜け出してゆうべの公園にもどっていたことがわかった。目を覚ますと鳩の糞だらけのベンチに横になっており、すでに周囲は明るくなっていたという。

どうして公園にもどってきたのか覚えていないし、電話を掛けた覚えもないそうだ。

だが携帯電話には剛紀さんへの発信の他、いろんな番号に掛けた履歴が残っていた。

剛紀さん以外は未登録の知らない番号ばかりで、いったい誰に掛けたのか確かめる勇気はないと言っていたらしい。

# 七不思議の家

都内の某テレビ局からほど近いところにあるGさんの父の実家は、そんな立地とは信じられないような鬱蒼とした木々に囲まれていて、静かな庭には野鳥がさえずり夜には狸が目撃されるなど別世界のような場所らしい。

この家には彼女が親や祖父母から聞いた〈G家七不思議〉というべき奇妙な伝承があるのだという。それは以下のようなものである。

（一）庭の西側のはずれにはかつて湧水があって、今は埋め立てられてしまったが小さな池もあった。この池に棲みついている亀は甲羅にG家の家紋が浮き出ていた。誰かが描いたわけではなく自然な模様として浮かんでおりみんな不思議がっていたという。亀はいつのまにか姿が見えなくなり、亀がいなくなって間もなく湧水は枯れてしまった。

（二）以前車庫を建て直したとき、地面から複数の人骨らしきものが出て大騒ぎになったことがある。だが調べたところ人骨ではなくそれらはすべてニホンザルの骨で、全部で四体分あったという。だがG家でかつて猿を飼っていたことはなく、猿の骨が埋められていた理由はわかっていない。

（三）祖父が子供の頃、家の天井裏を何かが這いまわるような音が何ヶ月も続いたことがあった。鼠の足音とは違ったが、念のため飼い猫を天井裏へ送り込んでみたところ何の成果も上げずにもどってきてしまった。数日後に猫は口から泡を吹いて急死したが、その死顔は目鼻口などの位置がめちゃくちゃにずれていたという。

（四）かつてあった涸れ井戸を埋めるとき、一家全員の夢に「埋められたら私はもうここから出られなくなる」と僧衣をまとい顔が半分骸骨になっているものが現れて訴えた。当主は気にして入念に井戸の中を調べさせたが骨などは見つからなかったため、しかるべき手続きをとって井戸は埋められた。それからも僧衣のものはG家の人の夢に時おり現れたが、もはや人語を話さずただ犬のように吠えるだけだった。

（五）正月三が日をこの家で続けて寝泊まりした客は、最後の晩に夢枕に金銀の混じった毛の色の猿が立つという。猿はただ鳴き叫んだり宙返りをして大騒ぎするだけで消えてしまうが、大変縁起の良いものということになっている。ちなみにこの猿とかつて地面から出た猿の骨との関係はわかっていない。

（六）庭の石灯籠は通称〈蛇灯籠〉と呼ばれている。夕暮れや明け方の薄暗いとき眺めると、その石灯籠は人間の頭蓋骨そっくりに見えることがあるらしい。そういうときは火袋と呼ばれる空洞になった部分に蛇が入り込んでいるので、蛇を外に追い出してやれば石灯籠は元の姿にもどるのだそうだ。

（七）地形のせいなのか、家の前の私道にだけ霧が出ることがある。わずかな距離なのにこの霧は人の方向感覚を狂わせ、何度か自動車を立ち木にぶつけるなどの事故を引き起こしている。また、歩いて霧を抜けようとしてどうしても知らない家の門前に出てしまうこともあるらしいが、該当するような家は近所になかった。門も建物もポストのような赤い家だという。

これらのうち、Gさん自身が体験したことがあると言えるのは最後の霧の怪異だけだ。子供の頃に彼女は両親とこの家に来たとき、一人で外を出歩いて帰ってきたら霧が出ていて、私道の入口がわからないほど真っ白になっていた。怖くなって大声で何度も家の人を呼ぶと、やがて人影が現れたが知らない若い男性だった。

男性はにっこり笑ってGさんと手を繋ぎ家のほうへ歩きだそうとした。だがGさんは咄嗟に手を振り払って逃げた。追いかけてくる気配はしなかったが、霧の中で何度もその男性と〈再会〉したという。どちらの方角に逃げてもまるでずっとそこで待っていたかのようにその男性にぶつかるのだ。

男性はずっと無言で、ただ優しそうに微笑んでいるだけだった。ようやく庭に飛び込んだGさんが振り返ると、私道の霧は嘘のように晴れて誰もいなかった。

そのときは男性をただの不審者だと思ったのだが、後から思い出すと男性の顔には目が三つあった気がするという。

第三の目がどこについていたかは思い出せない。
ただ、なぜか三つ目の男だったと思えてならないそうである。

# あとがき

Sくんは最初の著書の頃からのネタ提供者だ。本書でも協力してもらっている。
そのSくんと九月某日、神奈川県の某所で会った。
椅子もテーブルも青い店だった。窓から見えている空も青い。
今年の夏はずいぶん狂っていたよね、という話をする。彼は炎天下を外回りに出て、
日陰のない坂道をのぼりながら幻覚を見たそうだ。
大きな鎌を手に持った死神とすれ違ったのだ。
ボロボロのフードから髑髏のうつろな両目の穴が覗いている。
気の早いハロウィンかな、ずいぶん気合入った仮装だなと思いつつ振り返るといない。
だらだら続く坂道に逃げ水が揺れているだけだった。

「たぶん昔見た映画か、漫画の1シーンが再現されたんだろう」

とSくんは言った。

「あまりの猛暑に脳がダメージを食らってる。そのことを表現するのに、死神のイメージが記憶から呼ばれてきた。つまりあの死神は比喩だったんだな」


本書に提供してくれているような、彼がいろんな人から聞いた、あるいは彼自身も体験しているような出来事とそれはどこが違うのだろう。

そう疑問を口にすると「うまく言えるかな」とSくんは天井を見る。

「たとえば『幽霊は実在するか』と訊かれたらおれは『さあね』と答えるよ。だけど『幽霊と人間の区別はつくか』と訊かれたら答えは『もちろん』だ。同じように、本物の死神と幻覚の死神も区別がつく。ただし、本物の死神が実在するのかは知らない」


よくわからないような返答だが、なんとなくわかるような気もする。

おそらく幻覚というものは広い意味では「実在」に含まれるのだろう。

それに対して、幽霊にせよ死神にせよ、あるいはもっとわけのわからない存在たちにせよ、それらは「実在」の世界からはみ出た位置にいるのではないか。
幻覚が見えるのは、ある意味では当たり前のことだ。でも、幽霊はそうではない。
四〇度近い気温に茹った脳にとって死神は「実在」だ。
それは死神が「実在」する異常なレベルまで脳が持ち上げられているということだ。
けれど気温二十二度のさわやかな気候の中では、死神は「実在」することができない。
にもかかわらず見てしまったとき、その人の「実在」の世界にひびが入ってしまう。
何を見たかということより、その「ひびが入る」ところがポイントなのではないか。

以上はあくまで筆者による解釈であり、Sくんはさっきからスマホの画面に気を取られていて、筆者の披露した解釈にも生返事で答えるだけだった。
「ん？　ああゴメン聞いてなかった。まあいいや、おれちょっとこれから急用で出ちゃうからさ、悪いけど……あっ今日の話あとがきに使うんだっけ？　最後は適当に〆といてよ。『……とSくんは言い、セフレとのＬＩＮＥ画面から顔を上げた』みたいな感じでさ」

とSくんは言い、セフレとのLINE画面から顔を上げた。

我妻俊樹

# 忌印恐怖譚 めくらまし

2018年11月6日　初版第1刷発行

著者　我妻俊樹
企画・編集　中西如（Studio DARA）
発行人　後藤明信
発行所　株式会社 竹書房
〒102-0072 東京都千代田区飯田橋2-7-3
電話03（3264）1576（代表）
電話03（3234）6208（編集）
http://www.takeshobo.co.jp
印刷所　中央精版印刷株式会社

定価はカバーに表示しています。
落丁・乱丁本の場合は竹書房までお問い合わせください。

ISBN978-4-8019-1654-8 C0176